本书获得浙江农林大学人才启动项目"企业方法论：餐饮企业成长阶段及影响因素研究"（2017FR011）资助

餐饮企业成长的
"三维一体"模式研究
——社会学视角

彭定萍　著

中国社会科学出版社

图书在版编目（CIP）数据

餐饮企业成长的"三维一体"模式研究：社会学视角/彭定萍著. —北京：中国社会科学出版社，2020.7

ISBN 978 - 7 - 5203 - 6525 - 3

Ⅰ.①餐…　Ⅱ.①彭…　Ⅲ.①饮食业—企业成长—影响因素—研究

Ⅳ.①F719.3

中国版本图书馆 CIP 数据核字（2020）第 087083 号

出　版　人	赵剑英
责任编辑	朱华彬
责任校对	张爱华
责任印制	张雪娇

出　　　版	中国社会科学出版社
社　　　址	北京鼓楼西大街甲 158 号
邮　　　编	100720
网　　　址	http://www.csspw.cn
发　行　部	010 - 84083685
门　市　部	010 - 84029450
经　　　销	新华书店及其他书店

印　　　刷	北京君升印刷有限公司
装　　　订	廊坊市广阳区广增装订厂
版　　　次	2020 年 7 月第 1 版
印　　　次	2020 年 7 月第 1 次印刷

开　　　本	710 × 1000　1/16
印　　　张	14.5
插　　　页	2
字　　　数	187 千字
定　　　价	89.00 元

序　言

彭定萍是我 2010 级的博士研究生，她在学业上很勤奋努力，博士毕业后，又在工作期间完成了博士后研究工作。在此书稿出版之际，她请我写一篇序言，结合对连锁餐饮业的持续关注，我谈一些看法。

本书是定萍在其博士论文基础上修改而成的。她的论文题目是按照餐饮企业研究系列的框架设计的，在博士论文开题和写作期间，她曾多次到北京比格餐饮连锁企业实习，收集了大量的一手资料。后来一起编写《大餐时代》这本书稿时，我们访谈了 17 个中国餐饮企业。她还通过参加中国餐饮连锁企业大会，以及在中国人民大学举办的"21 世纪餐饮企业经理人走进校园"系列讲座，获得更多相关资料。在收集大量餐饮企业实证案例，不断查阅理论文献和长期实习的基础上，她运用社会学理论潜心研究，完成了博士论文的写作。

作为中国连锁经营协会餐饮委员会专家委员，我对连锁餐饮业的关注将近 20 年。餐饮企业是一种复杂的社会组织和契约形式，也是一种经济活动实体。自改革开放以来，我国餐饮企业得以快速发展，无论是企业数量、从业人员，还是盈利税收、经济贡献率，都在第三产业中占有很大比重，特别是近两年来，餐饮行业瞬息万变，跨界、快消、网红、外卖、零售、无人餐厅……越来越多的新趋势改变着餐饮行业现有的商业模式。但是，在快速繁荣发展的背后，仍然有一些餐饮企业面临发展困境和成长烦恼：一些餐饮企业在经历2—3年的初创期后，步入正轨发展后反而走向衰退，甚至破产，特别是今年全球大流行的疫情让餐饮行业洗牌、转型、再出发，有很多餐饮企业撑不下去而倒闭。"保供应、控风险、促稳定"是今年连锁零售业最核心的话题，连锁经营企业战略风险将在未来相当长一段时间内存在，并持续影响餐饮企业的发展。如何巩固品牌，凝聚核心价值，回归餐饮业初心，让行业涅槃"重生"，既是一个非常棘手的实践问题，也是一个非常重要的理论问题，需要社会学关注和研究。

在该书中，彭定萍从众多影响餐饮企业发展的因素中抽丝剥茧，梳理并提炼出企业家能力、企业组织制度和企业文化三个重要因素，将其作为影响餐饮企业成长的主要维度，并将其总结概括为餐饮企业成长的"三维一体"模式，用来分析餐饮企业在创业、成长、成熟和衰退等不同阶段的特征，以此揭示餐饮企业组织成长的逻辑和机制。在作者看来，餐饮企业成长既是在市场中不断获得稀缺性资源的获利过程，也是培育企业组织的文化信任和获得合法性资源的变革过程。

基于这一思路，作者将研究分为7章，其中第2—6章为正文部分，分别从理论建构、餐饮企业发展历程、阶段理论及影响因素、"三维一体"模式分析等方面展开论述。其第5—6章的分析富有新意。作者运用餐饮企业成长的"三维一体"模式，分别从横向（单维度）的不同阶段和纵向（多纬度）的同一阶段两个方面，分析企业家能力、企业组织制度、企业文化等因素对餐饮企业的影响及其内在机制。作者认为，在餐饮企业发展的不同阶段，企业家能力、企业组织制度和企业文化发挥的作用各不相同，不能笼统地认为企业成长是受某一个因素影响的或者该因素在所有阶段具有同样的作用，这也揭示了餐饮企业发展的复杂性和多样性。

通览全书，作者运用餐饮企业成长的"三维一体"模式，对餐饮企业成长进行具体分析的研究过程，具有以下几个特点。

本土化的问题意识。费孝通先生认为，社会研究是要在实地里发现问题。结合中国本土化实践，在特定社会情景中探索研究，这样的研究要带有一种泥土的气息。对研究餐饮企业而言，就是要回归餐饮本质，从中华餐饮文明出发，而不能完全从西方的理论中寻找问题的答案。在作者看来，餐饮企业成长的问题主要有三个。首先是企业家在推进企业发展过程中如何处理与员工、消费者等不同主体之间的博弈关系，包括对企业组织规则的熟悉与运用。在一定时空状态下，由企业家构成的这些关系体现了企业成长的多维度变化。其次是企业组织制度、企业文化也在企业发展的不同阶段发挥着不同于前者的重要作用，这些作用是如何影响、甚至改变餐饮企业发展的阶段和走向的。最后是在中国餐饮文化背景下，这三者的互动是同步同向的，还是在不同阶段交叉递进的。上述这些问题共同构成了本书所要讨论的问题域，也反映了作者研究餐饮企业成长及其可持续性发展的理论旨趣和现实关怀。

细致的逻辑分析。我曾在一篇文章中指出，企业既是一个盈利工具，也是一个复杂的社会经济系统。在分析组织现象时，我们一方面要了解组织的内部结构形式，另一方面要充分考虑它在整个社会结构中的地位和角色问题，以及与组织内外环境系统之间的交换关系。作者在本书中提出的"三维一体"模式，反映了企业家主体与企业组织之间的互动结构关系。如果充分考虑"文化情境"中企业文化影响的重要性，以及企业组织制度的"规则"与企业家、员工和消费者之间基于餐饮文化而形成的"人情"关系，就必须将企业家能力、文化情境、制度规则和人情关系与餐饮企业成长结合起来，在不同主体之间、主体与组织之间的互动共存中，研究餐饮企业发展的影响变量与逻辑关系。

研究范式的方法论反思。餐饮企业作为一个系统性的组织，需要将人与人、人与组织、组织与组织之间的关系和互动性融入进去，在此基础上，才能充分理解并分析中国餐饮企业的成长。因为餐饮企业所提供的产品和服务，始终是与消费者个人的口味、消费品位和个体需求密不可分的。在某种意义上，"众口难调"真实地反映了餐饮企业服务的特殊性和组织机制的特殊性。主体与组织之间的互动，直接影响着餐饮企业的发展。因此，对中国餐饮企业的研究，不能仅仅从经济学范式、管理学范式去分析，还需要运用社会学范式，特别是通过组织社会学的方法论，去研究中国餐饮企业的成长，从理论上廓清中国餐饮企业的发展历程、特征和组织机制，形成本土化的方法论，而不是运用西方有关餐饮企业发展的现成理论，去框定中国餐饮企业发展的实践。

当然，本书尽管提出了富有新意的研究模式，但对餐饮企业面对的外在环境的关注不多，特别是对受疫情影响餐饮企业发展面临的新问题和新情况，未展开专题研究。此外，受西方餐饮企业管理的影响，一些中式餐饮也开始推行菜品的标准化、规范化、工业化的现象，以及餐饮企业全渠道零售化和工业化的做法，不同程度地偏离了餐饮企业的提供产品、价值等的初心，这一问题值得警惕。在后疫情时代，要使餐饮企业回归餐饮本身，真正聚焦人、服务人，需要回归中国餐饮文化，避免餐饮企业的西方化，使餐饮企业真正成为满足人民日益增长的美好生活需要的服务业，而不是当下流行的制造业。

目前，餐饮行业已经成为备受追捧的热点行业，吸引了大量青年创业者，与互联网相融合，形成全渠道零售化和数字化趋势。对餐饮企业的研究在多个学科、多个领域展开，取得了诸多学术成果。但是，企业成长理论的总结与提升过去都是经济学、管理学的研究领域，其实，对餐饮企业的经验研究和理论创新，还需要从社会学去研究，关注人及其团队关系，提升理论高度。值得欣喜的是，我们看到了一批有志于从事本土餐饮企业成长理论研究的学人和研究成果渐次出现。借此机会，期待中国餐饮企业持续健康发展，也期待相关理论研究越走越远，结出丰硕成果。

我推荐餐饮业从业者、研究者和对餐饮行业有兴趣的人士阅读这本书。

中国人民大学

二〇二〇年六月于北京

目　录

第 一 章

绪 论

　　餐饮企业作为重要的组织形态之一，是一定的组织行为或组织制度的产物，在经济社会发展中具有重要作用。中国餐饮企业是在改革开放后经济的迅速发展中成长并壮大起来的，是第三产业的重要组成部分，发挥着提供产品和服务、创造就业机会和增加居民收入的作用。在餐饮企业发展的过程中，其内在的组织机制和演变逻辑受到企业内部组织结构和社会外部环境变化的双重影响，探讨并揭示影响餐饮企业成长的关键因素和发展模式，有助于解读中国餐饮企业发展过程中遭遇的"魔咒"。

第一节　研究缘起与问题的提出

一　研究缘起

　　自改革开放以来，我国企业发展至今，几经跌宕起伏。在风云变幻的发展过程中，既有很多的惨痛败局，也有一些标杆性的成功范例，如海尔、联想、华为等。但是，从整体来看，无论是规模还是企业的素质，我国企业与世界先进水平的企业，仍有较大的差距。根据美国《财富》杂志的早期统计，1970—1982 年，幸存下来的企业基本占 2/3，而 1/3 的企业消失了。就企业寿命而言，欧洲和日本的企业平均寿命为 12.5 年，我国大型企业集团为 7 到 8 年，中小企业则为 3 到 4 年，甚至有些企业的寿命更短。日本《日经实业》的调查显示，日本企业平均寿命为 30 年。由此可见，企业的兴衰成败，有着某些共性的因素在里面，对迅速发展的餐饮企业而言，是否也存在这种共性的因素呢？

党的十一届三中全会后，我国餐饮业在一定程度上得以恢复、发展，在大城市与小城镇之间，餐饮业的差距也在逐渐缩小，成为城乡服务业中的重要领域。餐饮业的发展不仅拉动消费需求，而且也带动产业链上其他行业的发展，如今餐饮业已成为第三产业的支柱产业之一。由于餐饮行业是劳动密集型行业，市场门槛不高，技术含量低，人员素质不高，加之"四高一低"的行业局面已蔓延，使得餐饮企业的竞争变得日益激烈，在这种市场格局下，企业面临着"优胜劣汰、适者生存"的残酷竞争。例如，在 2003 年 1 月至 2008 年 6 月期间，江苏餐饮业做过一个调查统计，全省在工商部门注销和吊销的餐饮企业共 1860 家，这些企业平均存续期为 830 天，即不到三年。由此看来，在计划经济体制向市场经济体制转轨的背景下，企业无法摆脱"活不长、长不大"的魔咒问题。

因此，从实践层面揭示影响餐饮企业在生命周期中存续的因素，已是许多餐饮企业发展的重要命题和实践需要。同时，从理论层面揭示影响因素、运行机制和内在规律，就成为破解餐饮企业"魔咒"的重要理论问题。此外，笔者在攻读博士学位期间，聆听了中国人民大学社会与人口学院举办的《大学与社会：走进商业连锁世界》的系列讲座，尤其是百胜餐饮集团、全聚德的讲座，对研究餐饮企业成长问题产生了浓厚兴趣：为什么有些企业茁壮成长，甚至成为上市公司，有些企业却无法摆脱短命的命运？成长与衰败的关键点是什么？这些关键因素又是怎样起作用的？带着这些问题，在 2011 年笔者参加了中国烹饪协会举办的"2011 年中国餐饮产业大会"，对餐饮业有了进一步的认识。在查阅相关文献的同时，也特意观察了一些街边餐馆的情况，譬如，有些餐馆生意很红火，而有些餐馆生意却很冷清，诸如此类的现象在中国的城市和乡镇中比比皆是。在众多的餐饮企业中，依然不乏优秀的企业脱颖而出，成为餐饮企业中的佼佼者。例如，有些餐饮企业可以将馄饨卖到5个亿，甚至开了上千家连锁店。这些案例或源于日常生活的观察，最终形成了本书研究的缘起点。

为此，本书从社会学的专业视角，试图探寻经营餐饮企业的奥秘，并通过搜集许多餐饮企业成长发展的案例和访谈一些餐饮企业家，更加深入地回答由餐饮企业激发的系列问题。这些问题也牵引笔者多次深入餐饮企业中进行实地调研和访谈。在众多的餐饮企业中，通过走访海底捞、嘉和一品、西贝、绿茵阁等连锁餐饮企业，笔者对于这些餐饮企业的成长状况有了直观的了解，并以此作为研究的起点。

第一个是海底捞。海底捞创立于1994年，从四川简阳起步，在不足20年的时间里，已经拥有超过50家门店，营业额达15亿元。无论是成长的时间或是现有的规模，海底捞都算不上是一家大公司。但是为何引起企业界，乃至学术界如此的关注呢？海底捞成功的秘诀在哪里？讲述这个故事，需从创始人张勇的成长谈起。他是从简阳起步的，他开的第一家店叫"小辣椒"，在这之前，他有过创业的经历，但都未成功。正是基于这样一个早期创业的背景，张勇在一年多之后，就与他的妻子、朋友一起合伙创立了海底捞火锅。可以说，海底捞的创办，带着早期所有创业者共有的曲折与追求的特点。如今经过20年的成长，其依然健康成长，青春依旧。正如一些去过海底捞的顾客最直观的感觉那样，海底捞强调了差异化的服务理念：服务细心、周到，筷子的长度让人烫不到手，有专门供勺子搭着的钩；排队时还有人帮你擦鞋，饭桌上刚准备做手势，服务员小妹已经心领神会地跑过来了；服务热情，服务员总是保持微笑。这种服务差异化的战略让顾客很乐意去海底捞，他们为了吃上一顿火锅，也愿意花费两个小时去排队等候。

第二个是嘉和一品。这个企业创立于2004年，在不足7年的时间，已稳坐华北乃至全国粥连锁市场的第一把交椅。如何用六年的时间反超对手，答案，就在年轻的女企业家刘京京身上。丰富的商海经历使她具备了敏锐的洞察力，在企业诞生之初，她对企业的战略目标和市场定位非常清楚。在她看来，在经济飞速发展的今天，人们的工作节奏快，对快餐的需求量大，无论是提供快餐的速度、质量，还是就餐环境、氛围，都成为关乎快餐企业能否生存、发展的重要问题。此外，人们就餐时越来越注重餐饮的营养、健康和自己生活的品质。基于这样一个对餐饮发展现状和趋势的把握，在明确战略定位后，在嘉和一品的经营战略和战术上，她不断创新，走出一条差异性战略定位和突出特色的经营发展之路。刘京京认为，要发挥中式快餐的优势，打造"中式营养快餐的优秀民族品牌"，只注重开发丰富的菜品和多样化的口味还是不够的，还需要加快中餐的标准化，在管理信息化和流程化方面下大功夫。嘉和一品不仅注重菜品的创新，而且更注重管理的创新。在管理方面，倡导传统行业与高科技应用相结合，利用信息化技术手段，从原材料采购、生产、物流到店面出品，以及人、财、物的管理，都实现了全流程ERP信息化的无缝对接。为了连锁经营，实现百店一味，在只有3家门店时嘉和一品就开始使用"中央厨房"，利用大一点的门店的厨房，为其他门店进行统一配送，提高管控力量，从而培育和塑造市场认可度和品牌美誉度。当拥有6家门店时，在不断完善第一代中央厨房基础上，嘉和一品开始摸索标准化生产模式。经过6年多的执着努力，嘉和一品在北京十多个城区的所有直营连锁店，均已实现了85%以上的标准化配送。

第三个是中餐企业西贝。西贝 1988 年从一家"黄土坡小吃店"做起，不断探索、尝试、扩张，开起了海鲜酒楼，生意极其火爆。在经历了 11 年的沉淀与积累之后，逐渐扩展到全国。1999 年，在北京正式成立了北京西贝餐饮管理有限公司。西贝的成长经历了从海鲜到西北风情再到连锁模式的蜕变。它的每个蜕变过程无不打着时代烙印，在长期的蜕变过程中其形成了自己的文化特质即真实、信任、分享，并将这种文化深植于企业内部。

在靓丽的业绩背后，西贝也经历了在异地扩张时都会遇到的尴尬。最初将餐饮店扩张到北京时，西贝主要经营海鲜，顺便卖点家乡菜。然而，让贾国龙没想到的是，在内蒙古卖得很火的海鲜，到了北京就不灵了。做了几个月，吃海鲜的人不来西贝，吃家乡菜的人又觉得西贝家乡菜品种太少。那段时间，西贝连续 4 个多月赔钱，一下子亏掉了 100 多万元。当时有顾客说："你们内蒙古人做海鲜都带着莜面味儿。"这听起来有些让贾国龙尴尬的话，也提醒了他。随后他决定把海鲜粤菜完全砍掉，只做羊肉和莜面。他的这种抉择，连他的合作伙伴都怀疑能否行得通。为了研究莜面的菜单价格，贾国龙去了一次中国大饭店的一个日本餐厅，他要了一碗荞面，128 元一碗。经过不断探索给自己的莜面定了个 18 块钱的价格。解决了莜面的价格后，又遇到蒸出来的莜面粘牙的问题，贾国龙非常着急。于是，他叫人去了趟内蒙古，把内蒙古的水用大塑料桶拉过来，把内蒙古的面也拉过来，然后用内蒙古的水和面蒸还是不行。他又把北京的水拿到内蒙古，在内蒙古和面蒸也不行。后来经过多次折腾，最后发现问题是：他们一直是按照在内蒙古蒸莜面的时间长短在北京制作莜面的，但内蒙古的海拔高，那里蒸 8 分钟才能熟的莜面，在北京只要蒸 3 到 5 分钟就熟了。发现了这一点，黏的问题就迎刃而解了。此后，贾国龙将工夫全部花在西北菜的引入和研究上。当时，他和他的团队钻山沟、进农村，目的就是想跟西北当地老乡学习原汁原味的西北菜。找到了好吃的，回来就让厨师按照记忆做。就这样，贾国龙把"最土"的西北菜，一点点搬到了北京。不久之后，西贝的生意步入正轨。2011 年，西贝在全国开了 17 家门店，2011 年近 10 亿元的收入。

第四个是家族餐饮企业绿茵阁。绿茵阁创立于 1989 年，至今经历了 22 年的成长历程，2011 年拥有 100 家门店。这个企业主要是由父亲林振中和儿子林立一起创立的，儿子林立以前有过餐饮的打工经历，于是第一家绿茵阁咖啡厅诞生了。随着业务的不断扩展，咖啡厅的员工有些忙不过来了，林振中把当公务员的女儿林欣也叫到店里帮忙，林家人开始全力经营绿茵阁咖啡厅。到 1992 年时，一天的营业额就达到 2000 元，即便是与中餐馆相比也算得上业绩不菲。但此时西餐的整体市场还远远不如中餐，林家人看到更为诱人的中餐市场的大蛋糕，不免有些心动。经过深入思考，林家决定进军中餐市场，林立离开绿茵阁自己开办了一家中餐馆，绿茵阁则交给林欣来管理。两年后，在 1994 年，姐弟俩做了对调，林立经营西餐馆，林欣经营中餐馆。对调之后，绿茵阁在林立经营下发展得非常快，每天营业额能达到 9000 元，在当时看来这是非常不错的收入，之后还开了一定数量的分店。绿茵阁不断地成长，但林家的另一家中餐馆却一直未见起色。还要不要做中餐？未来的经营方向应该怎样把握？林家人面临着选择。最后，他们放弃中餐馆，专注于西餐市场，推动绿茵阁连锁扩张。

由于绿茵阁是一个家族企业，要想做大做强，实现可持续发展，走连锁化道路是必然选择。在企业不断成长的过程中，企业内部不断滋生许多矛盾和摩擦，比如在一个企业有两个总经理，难免会让员工无所适从，在实际操作过程中，在流程、后台配送系统、企业文化建设上都会产生许多麻烦，这都无形中消耗着绿茵阁发展的潜力。为此，2000 年开始，企业进行"去家族化"的管理革新，加强品牌推广，迈入连锁时代，走上快速发展道路。

通过对这四个餐饮企业成长故事的经验观察和深度思考，我们可以从中总结出每个企业的独特之处和差异化的成长路径。同时，也可以看出，在计划经济体制向市场经济体制转变中崛起的一批餐饮企业，随着现代化转型的成功，也必将更新传统的经营方式，适应社会的发展。因此，关注餐饮企业成长的问题，既是一个具有现代意义的理论研究课题，也是一个极其重要的实践课题。

二　问题的提出

上述几个典型案例反映了中国餐饮企业发展的一个侧面，就大多数中小餐饮企业而言，其成长都经历着艰难而曲折的发展过程，或缺乏政策的有力支持，或缺乏资金的保障，抑或缺乏专业的管理经验和职业团队。与此同时，餐饮企业还要遭遇境内外同行的激烈竞争。在这一背景下，不少企业能够与百胜集团、麦当劳等国际化的餐饮集团以及许多港台餐饮企业站在一条起跑线上，实现共同生长、相互竞争、持续发展，本身就是一种奇迹。

当然，我们需要看到，餐饮行业本来就是劳动密集型的服务行业，市场门槛低、技术含量不高，人员素质也不高，更重要的是世俗偏见认为做餐饮就是伺候人，从事餐饮的人在社会上没有地位，身份不显赫。面对这些不利因素，依然有许多成功的企业人士视餐饮为一项事业，兢兢业业地努力将企业做大做强。追溯缘由，我们发现，他们不光热爱餐饮，而且具有执着、实干、敬业和冒险的精神，始终引领餐饮业的发展，从而铸就了今日辉煌的业绩，也为消费者提供了更好更舒适的服务。可以说，有了他们的不断探索和创新，中国丰富的饮食文化才得以继承和发扬。伴随着众多优秀公司和诸多餐饮"大佬"脱颖而出，中国餐饮业俨然进入巨头称雄的时代，我们将之称为"大餐时代"。

从组织社会学的视角来看，这些都是一些组织发展的现象，我们需要解释这些组织现象背后的机制，即作为具体组织形态的餐饮企业，在其生命周期中是如何实现可持续发展的，有哪些因素影响了餐饮企业的发展，在外部环境或内部组织结构发生变化时，如何适应组织方式转变以实现餐饮企业的持续发展，对于这些问题，我们有四个基本的疑问。

第一，这些企业在组织间关系结构发生变化时，是如何渡过创业瓶颈期获得生存的？其生存背后的组织管理机制是什么？比如绿茵阁面临经营中餐还是西餐时是如何选择的？做出抉择的依据是什么？在其成长过程中又是如何实现从典型的家族企业向"去家族化"的转型，最后迈向连锁化的现代企业的？

第二，这些企业在经历组织的生存问题后，是如何快速成长的？在成长过程中，又是如何做到适应组织环境，提升企业内部管理水平的？比如西贝餐饮作为中餐企业，是如何解决异地本土化的问题，将中餐企业一步一步做大做强的？海底捞在解决家族企业创业天花板的问题后，是如何成为一个现代化的企业的？

第三，这些企业在经历了"专门化"向"通才化"的组织形态演变后，是如何实现资源分离，从成长走向成熟的？向成熟阶段过渡的餐饮企业会面临什么问题？这些企业又是如何通过组织权变解决这些问题的？比如嘉和一品为什么在开6000家门店的时候要建立自己的中央厨房，引进资本运作以及在成长过程引入职业经理人？

第四，为什么有些餐饮企业"各领风骚三四年"就销声匿迹了？在其发展中，是餐饮企业与消费者之间的协议关系发生了变化，还是组织规则的价值观或组织目标发生了偏离？有些企业已有十几年和二十几年的成长历史，甚至还有更长的百年企业，这些企业又是如何摆脱成长中的各种烦恼，克服成长中的瓶颈的？企业的成长有没有规律可循?

解答这些疑问,首先要对餐饮企业进行长期观察和专门研究,通过组织社会学的视角,去做初步的判断,即餐饮企业作为组织形态的表现方式之一,在其发展过程中,企业组织内部结构或外部环境发生变化时,企业是如何适应组织结构或关系的,管理者、企业制度和企业文化究竟在多大程度上影响了企业发展的生存与死亡,抑或在其生命周期中,如何走向成熟或死亡。在此基础上,建构组织社会学的分析框架,依据具体的企业案例,分析餐饮企业的影响因素。

当然,选取一些餐饮企业的特定案例,并不是因为它们作为单个企业取得了成功,而是立足于整个餐饮行业,从餐饮企业的组织群体中,研究餐饮企业组织是如何在产生与运行过程中发生变化的。此外,对这些餐饮企业发展的研究,需要在一个时间过程中进行动态考察,单独靠截面研究或者静态考察,是无法找到影响餐饮企业发展的主要因素的。因此,对餐饮企业发展的研究,既要考虑影响餐饮企业发展的组织观念、规则、惯例的存活、变化和死亡的过程,也要考虑餐饮企业组织存活的差异性和制度对餐饮企业的深远影响,以及外部环境变化引起的形态多样性。站在餐饮行业发展与企业成长的双重背景下,探讨它们在餐饮行业中如何一步一步从小到大,从中国本土餐饮企业中脱颖而出,探讨它们在餐饮行业领域内的专业经验与创新之道,无疑具有重要的意义。事实上,对于这些陌生又熟悉的问题,需要从根本上找出制约和促进企业组织发展的关键因素。

目前,学界对餐饮企业组织的研究,多从餐饮行业或餐饮企业自身发展的现状或问题入手,展开论述,特别是2013年以来,中国经济发展进入新常态,尽管中国餐饮产业高速增长,规模以上的餐饮企业收入不断增加,但餐饮企业发展的"小散乱"的问题却一直存在。在此发展过程中，一些国内学者对餐饮行业和餐饮企业发展进行了多方面研究，具体涉及这样一些主题：（1）中国餐饮的贡献。刁宗广（2007）从企业规模、产业结构、管理模式、品牌运营及从业人员素质等方面，分析了餐饮业在扩大内需、繁荣市场、促进就业、提高人民生活水平等方面作出的积极贡献。（2）餐饮行业或餐饮企业发展面临的问题。如李兰（2015）认为，盈利能力下降，原材料成本、人工成本、房屋成本、能源成本持续走高，企业所承受的成本压力凸显。张洪涛（2019）认为，中小餐饮企业经营过程中存在成本核算方法落后、原材料采购质量不能保证、库存管理不规范、生产和销售成本控制力度不够等问题。（3）影响餐饮企业发展的关键因素。肖荟（2018）从餐饮企业的宏观和微观两个层面，分析了影响餐饮企业发展成败的决定性因素，认为宏观选址影响餐馆面对的行业环境、政策环境、消费群体环境；微观选址影响经营成本和营业收入；口味影响餐馆的核心消费者群体；菜单影响餐馆的持续经营等，这是都是决定餐饮企业经营成败的关键因素。邓凯红（2014）分析了连锁餐饮业的发展，认为品牌、创新、人才、政府、行业协会等构成了对餐饮业产生影响的关键因素。（4）相关对策。沈毅等人（2015）认为，新常态下解决餐饮业面临的问题要坚持协同共治，发挥政府宏观调控和行业协会的引导调节作用。杨铭铎等人（2010）针对餐饮业员工流失对企业发展的制约，认为应设定完善的薪酬体系，建立阶梯式的培训体系，提高员工满意度，构建良好的企业文化与企业制度间的互补机制，以期对企业的长远发展有所助益。（5）新时代中国餐饮企业高质量发展的特征。于干千等人（2019）从新发展理念出发，概括了新时代餐饮业的特征："科技成为新时代中国餐饮业发展的核心要素；融合成为新时代中国餐饮业发展的主流趋势；竞合成为新时代中国餐饮业发展的主题词；健康成为新时代中国餐饮业发展的内涵特征；人民满意度成为新时代中国餐饮业发展的重要衡量指标。"同时，他们还分析了新时代餐饮业在"消费升级、数字经济、开放包容和绿色生态"等方面的发展趋势与面临的挑战。（6）餐饮企业发展的趋势。程小敏（2015）认为，在经济发展进入新常态的背景下，餐饮企业面临着消费需求的个性化、多元化，消费方式的信息化等带来的机会和挑战。随着社会主要矛盾的转化，人们对美好生活的需要也反映在餐饮消费的功能和方式上，消费者的不同需求在增长，他们不再限于单纯为了解决温饱问题去餐厅，"吃"的功能定位成为困扰企业经营者的大问题。同时，消费者对餐饮品牌的忠诚度整体偏低，对餐饮价格的敏感性更具弹性，消费者的消费倾向理性化，促使餐饮企业不断作出调整，向大众化和智能化方向发展。

从 40 多年的发展历程看，随着对外开放的扩大和经济的持续稳定快速增长，城乡居民的收入增加，生活水平不断提高，我国的餐饮企业发展非常迅速，大致完成了改革开放起步、数量型扩张两大发展阶段，并开始进入连锁品牌提升战略阶段。然而，正如有的学者指出的那样，中国餐饮企业虽然高速增长、带动经济社会发展，但因其属于劳动密集型的微利行业，生存与发展一直面临着挑战。[①] 相对于国有企业的市场主体地位，餐饮企业无论是在要素配置能力上，还是在要素占有量上，都处于相对弱势的地位。本质上，餐饮企业的发展取决于国家制度安排之外的"市场配置资源"这只"无形之手"，但国家制度政策的变化有时也左右着餐饮企业的兴衰。餐饮企业作为组织形态之一，其组织结构具有惯性。企业组织结构的改变，除了内部计划或主动调整外，往往受外在大环境的影响，这些影响既有来自餐饮行业的群体层面整体演变的动态过

---

① 杨铭铎：《中国餐饮业理性回归的内涵界定及转型升级对策》，《商业时代》2014 年第 12 期。

程，也有来自国家经济社会政策的变动，同时，还会承受来自企业自身发展的专业规范的压力。在这样的背景下，餐饮企业无论是在生存战略选择上，还是在具体策略谋划上，都要求适用组织变化，不断加强管理，提升企业家的能力，完善企业组织结构，培育企业文化，推进制度创新。

当然，餐饮企业的成长也受制度环境的影响，企业需要不断建构企业的合法性行为，从环境中不断获取资源。如何获取有用的资源，就需要培育良好的社会声誉，并得到市场的认可。企业如果丧失了社会声誉，它就会衰亡，这种现象的背后实际上就是信任机制在起作用，社会信任也是无形却有力的驱动力，像另一只"无形的手"左右着企业的兴衰。对此，本书研究的旨趣在于通过个案研究与调研相结合，了解制约餐饮企业成长的复杂因素，以揭示餐饮企业成长的逻辑机制。

因此，本书研究主要围绕以下几个关键问题展开：第一，在社会变迁过程中，中国餐饮行业的发展趋势如何？餐饮企业生命周期呈现怎样的状态？有哪些主要特点？面临什么样的发展瓶颈？第二，究竟是哪些因素促进了餐饮企业可持续发展？这些结构性因素背后的逻辑是什么？有什么样的社会意义？在不同的成长阶段中会起到什么样的影响作用？这些问题迫切需要进行深入研究，并为社会政策的制定和企业管理提供充足的理论依据。

第二节　研究意义

企业成长一直是理论界和产业界十分关注的问题。改革开放以来，餐饮企业得到了空前的发展。在同样的社会环境下，为什么有些餐饮企业发展十年、二十几年依然容光焕发、茁壮成长，而有些企业拥有良好的资源，却总是不能带来良好的投资回报，而是举步维艰？餐饮企业经营和管理当中的"黑洞"到底在哪里？尽管国家对餐饮企业提供各种扶持政策，但是餐饮企业要想健康成长，关键的问题还是在于企业内部。对餐饮企业可持续发展进行系统研究，不仅具有理论意义，而且具有现实的指导意义。

一 理论意义

著名管理学家爱迪思提出"企业生命周期阶段论"，他把企业成长作为关注的主线，对企业诞生、成长、发展到成熟，甚至死亡等过程进行了深入探讨，从中揭示了企业成长不同阶段呈现出的一般规律性特征及面临的风险，由此形成了管理学的研究范式。此外，对于企业成长中遇到的问题、企业成长阶段和影响企业成长因素的研究，经济学领域进行了长期关注，形成了相对主流的经济学的研究范式。

（一）本书在梳理和评述这两种范式的基础上，从社会学角度关注企业成长的问题。依托经验研究，对餐饮企业成长的阶段性和制约企业成长的复杂因素等问题开展研究，不仅丰富了组织社会学关于组织与组织、组织与社会、组织中人与人的关系理论，而且也进一步拓展了组织社会学的研究领域和关注议题。[1] 作为一门实用性很强的学科，组织社会学的研究已在国外有了长足的发展，也形成了不同学派和理论领域，尤其新制度主义学派、种群生态理论和资源依赖理论的视角，将组织视为开放的系统，不断引入了环境因素，但是缺乏微观层面对这个理论视角的应用和拓展。本书以餐饮企业为研究对象，既关注个别餐饮企业成长的特殊现象，也关注整个餐饮行业整体发展面临的问题，将微观层面与中观层面结合起来进行系统研究。

---

[1] 参见于显洋《组织社会学》（第二版），中国人民大学出版社 2009 年版。

（二）本书从组织社会学的组织与环境理论视角出发，参照新制度主义、种群生态理论和资源依赖理论等相关的组织社会学理论，以餐饮企业的成长为研究对象，通过调研、访谈和个案研究，掌握大量的相关餐饮企业实证资料，从中概括出餐饮企业从业人员、企业家能力、组织结构和企业文化等因素构成的"三维一体"发展模式，并放到企业成长过程中进行分析，揭示这些因素在企业成长的不同阶段中的影响作用及其逻辑机理，进一步探究企业健康成长的规律。

（三）丰富了企业生命周期理论的研究成果。企业生命周期阶段论考察的重点是企业成长的阶段和演变路径，以及将企业的成长过程划分为几个不同的阶段，通过归纳和总结不同阶段的主要特征和存在的风险，得出企业发展的一般模型。由于企业是随着社会的变迁而不断创新、发展的，社会经济环境会影响餐饮企业的发展。餐饮企业是整个社会系统中的子系统，环境的影响会不断渗入企业里面，从而使企业与环境在不断互动的过程中得以成长。因此，企业的成长受制度环境的影响，企业在成长过程中要建构合法性机制并得到市场认可，在这一背景下，信任机制作为一种无形却有力的驱动力量，在餐饮企业的成长过程中起到了融合、增进、凝聚、强化企业与顾客、企业与员工和企业总部与加盟商之间联系的作用，使得这种信任关系和品质得到不断提升。

企业作为一种自组织，受制度环境影响但并不完全受制于制度环境，而是与制度环境同构，通过调节、变革、改进等方式，不断适应制度环境，努力获得资源与合法性。正是企业自己在不断努力中获得的合法性，使得企业能够在大的社会环境中生存下来。如果企业的合法性未能获得其他组织与资源的持久信任，出现品牌、产品、资源和组织等层面的"信任的断裂"，那么，就会严重影响到企业的成长。餐饮业是服务行业，通过不断建立、完善企业品牌与声誉制度得以生存，如何从环境中获得有用的资源，需要企业不断完善和培育信任和声誉，形成独立自主的品牌影响力。

作为一项学术研究，本书只是从一个角度、一个侧面对餐饮企业成长的问题进行解读，此外，餐饮企业"寿命短"和"倒闭快"的生存瓶颈既是社会现实，又是企业面临的关键问题，本书旨在从理论的高度，对餐饮企业经营中遇到的问题进行系统的研究，并力求为影响餐饮企业可持续成长的因素研究提供一种新的学理解释。

二 现实意义

我国的餐饮产业经历 40 多年的发展历程，现已成为推动国家经济发展的第三产业中的支柱产业。有关统计表明：2018 年中国餐饮市场规模已达 4.2 万亿，首次突破"四万亿"规模。行业整体规模持续扩大，中大型企业仍然处于持续扩张阶段，其平均增长率为 12.6%，超过了全国餐饮营业收入增长率。[1] 餐饮业的发展面临着前所未有的机遇，我国的部分餐饮企业没有错失良机，在 40 多年的发展历程中，已取得了骄人的业绩。

但是，就整个餐饮行业而言，餐饮企业整体水平不高，竞争力不强。餐饮行业中的企业呈现出这样的突出特征：企业平均寿命普遍较短，有些企业发展到 5 年左右，有了一定规模后就从市场上销声匿迹了。而另一些企业依然"知难而进"，在"生死轮回"中谱写发展序曲，企业短暂的生命周期造成社会资源的极大浪费。这种现状使得餐饮企业的成长备受关注。尤其是餐饮企业的市场存在门槛低，人员素质不高，高素质管理人才大量缺乏，企业管理缺少系统性，企业经营没有自主品牌，产品雷同、模仿现象严重等问题，

---

[1] 《〈2019 中国餐饮业年度报告〉发布：行业整体规模持续扩大》，新华网（http://www.xinhuanet.com/2019 - 07/03/c_1124705306.htm. 访问日期：2019 - 07 - 03）。

都成为企业成长中的一些瓶颈。

同时，企业外部市场环境给企业成长带来了严峻挑战，比如"四高一低"的局面在行业内不断蔓延，这不仅使餐饮企业的发展处于微利时代，也制约着企业成长。甚至出现这种"短寿、长不大"的普遍现象。不可否认，就目前餐饮企业的现状而言，人们对餐饮企业可持续成长问题的认识还不够深入和系统。纵观现有的相关研究文献，它们对于中国餐饮企业可持续成长问题的研究要么是从单个因素进行探究，要么停留在表面层次上，没有揭示出这些问题的本质。

笔者在阅读大量文献、深入观察和深度访谈的基础上，以企业生命周期论视角，将餐饮企业成长划分为创业、成长、成熟、衰退四个阶段。结合餐饮企业实证资料，在深入分析影响餐饮企业成长的复杂因素的基础上，概括出以企业家能力、组织结构和企业文化等因素构成的"三维一体"模式并以此作为分析工具。描述和分析了每个阶段的典型特点及存在瓶颈，最后归纳出制约餐饮企业成长的几个关键因素，通过理清这些贯穿于餐饮企业成长的整个过程中因素在企业成长阶段的不同作用；在企业成长过程中如何维持平衡性，从而关系到企业是否实现可持续发展等问题来分析企业成长的各个阶段面临的困境，并从中寻找我国餐饮企业生命周期的发展脉络。

本书希望能够从实践的角度回答这些问题：第一，创业期的企业如何能够成功地克服创业阶段的困难？是否有规律可循？第二，当企业处在发展期，会面临什么样的风险？这个阶段的企业如何才能实现可持续发展？需要注意哪些关键性因素？应如何避免风险？第三，企业如何从发展期成功地过渡到成熟期？这个阶段企业的发展需要注意哪些因素？第四，企业如何在成熟期不断地实现可持续成长？在这个阶段企业会遇到什么问题？甚至转型期企业如何可以成功蜕变实现"长寿"的梦想?

对于企业成长关注较多的是经济学和管理学，关注对象多为企业成长的外部因素和企业结构的问题，忽视企业自身的内在因素。而对于一个可持续成长的企业，在其成长过程中受多种因素的制约，内在因素无疑是最为根本的。因此，本书从社会学角度对企业成长的内在问题进行探索，重点关注企业家能力、组织结构和企业文化等因素，将这些因素放到企业成长不同阶段中，揭示其对企业影响的作用机制，并对餐饮企业成长提出新的解释。

第三节　研究设计

一　研究方法

本书选取了中小型连锁餐饮企业作为研究对象，重点研究连锁餐饮企业不同成长阶段的特点及影响因素，寻找餐饮企业成长的内在逻辑。根据研究问题和研究对象的特点，本书主要采用质性研究法和叙事分析法，对连锁餐饮企业成长阶段及其影响因素进行描述和分析。

第一，文献研究法。通过搜集国内外文献，在理论层面梳理了管理学理论、经济学理论和组织社会学理论三大理论的学术脉络和解释逻辑。文献研究是社会科学研究的一个基本方法，是一种通过收集和分析现存的、以文字、数字、符号、画面等信息形式出现的文献资料，来探讨和分析各种社会行为、社会关系及其他社会现象的研究方式。[①] 本研究主要运用个人文献和官方文献，一方面清晰梳理企业成长理论的研究成果，比如管理学中战略理论、资源基础理论和生命周期理论；经济学中分工协作理论、交易费用理论、制

---

① 风笑天：《社会学研究方法》（第二版），中国人民大学出版社 2005 年版，第 224 页。

度主义理论；社会学中种群生态理论、资源依赖理论、新制度主义理论和信任理论；相关企业成长理论、企业成长路径、企业经营失败研究、中小企业发展热点和难点研究、家族企业成长的研究、企业方法等方面的著作、期刊论文以及博士、硕士学位论文。虽然研究者研究角度不同，但都是关注同样的问题，即企业的"寿命短、倒闭快"的问题。通过查看以往学者对这个问题的研究，开阔自己的学术视野并明确本研究的定位和问题。另一方面了解餐饮行业相关研究的动态和前沿，收集餐饮行业发展历程、饮食文化资料、中国餐饮行业发展状况，以及每季度餐饮业的变化情况，从中掌握餐饮企业发展的综合资料。

此外，在文献资料收集方面，笔者主要通过国家统计局、国家商务部、中国消费者协会、中国人民大学图书馆、国家图书馆等和一些学术期刊网络等获得一手资料。具体而言，通过图书馆借阅大量的专业理论文献、企业成长相关图书、餐饮企业成长方面的书籍；在全国商业信息中心、国家图书馆查阅我国餐饮业发展统计年鉴、国外关于餐饮业发展研究的资料；通过中国行业研究网查询国家关于餐饮业发展的相关政策法律文件；通过国家工商局查阅餐饮注册和注销的数据；通过中国烹饪协会收集餐饮行业发展的资料、收集中国餐饮年鉴社出版的历年中国餐饮年鉴；通过餐饮《职业经理人》期刊、学术期刊网检索以往有关餐饮业和餐饮企业、企业成长等方面的相关文章。整理在比格餐饮企业调查的文字资料，以及参加"2011 年和 2012 年中国餐饮产业大会"时收集的相关餐饮企业资料，重新整理"大餐时代"的 17 个餐饮企业的实证资料。

通过以上方式和途径，查阅并收集与研究相关的图书与数据资料，本研究获得了丰富的史料和其他相关材料。比如，数据方面：《中国统计年鉴》关于 1995—2011 年中国餐饮行业发展历程的数据；《餐饮产业蓝皮书》关于从 2006—2012 年中国餐饮行业的变化情况；《中国餐饮年鉴》关于 2010—2012 年我国中餐行业的现状和相关法律法规整理。

第二，案例研究法。本书主要以案例研究法为主，案例研究方法（case study method）是一种常用的定性研究方法，这种方法适合"对现实中某一复杂和具体的问题进行深入和全面的考察"①。作为一种对现象的经验性研究方法，本书侧重于实证性案例研究，而不是规范性案例研究。通过案例内分析和交叉性案例分析，尽可能地减少案例中的某种现象与案例研究的环境之间边界模糊的情况。首先，笔者在比格实习的三个多月里每天参与企业高层领导的早会，针对相关问题分别访谈了比格企业的高层领导（比格的赵总、财务团队马总、人力资源团队张总、运营部团队王总、开发团队侯总和产品研究团队白厨）等，从中得到丰富的一手资料。通过调研发现，比格的高层领导团队，除人力资源团队的领导外，其他团队副总都跟随比格成长了十年，这也是比格成功的原因之一。此外，引用"大餐时代"的 17 个企业资料，通过不同企业间的对比，发现企业成长虽然千变万化、各有差异，但还是能从中找出几个关键的因素进行比较分析。其次，通过阅读《餐饮职业经理人》获得了大量的实证案例，该刊介绍和研究企业经营管理的成功经验和案例的资料非常丰富，通过对这些资料的收集和整理分析，笔者进一步了解餐饮企业内部的运作情况。再次，笔者也通过参加 2012 年中国餐饮产业大会，多次参加餐饮业的相关会议，参加有关餐饮界领导们的交流和讨论等活动，获得了对餐饮业的感性认识，并对参会人员发放了有关餐饮企业可持续成长的问卷。

第三，个案访谈。通过个案访谈力求深入企业成长过程的细节

---

① 孙海法、朱莹楚：《案例研究法的理论与应用》，《科学管理研究》2004 年第 1 期。

之中，并对企业从创办到发展壮大的过程进行深度探析，以便了解企业家对企业成长的瓶颈问题是如何破解和采取怎样的措施的。本研究在收集关于餐饮企业的发展现状的材料时，选取了"可持续成长型的餐饮企业"（主要指企业在诞生时，只是一个小企业，经过多年的成长，不仅自身素质提高和实力增强，而且从一个小企业成长到一个中小型企业或大中型企业，通过不断完善自己推动达到可持续发展）为研究对象。在餐饮行业中这种企业的数量并不多，但是它们却非常有代表性，这也正是研究所要重点讨论的对象。研究这类企业，才能总结和归纳餐饮企业成长的一般模式。比格餐饮企业就是其中之一，符合本研究的对象要求。

第四，叙述社会学的方法。叙述性分析（narrative analysis）是近来社会学领域兴起的一种方法取向，目前应用最多的是法社会学领域。这种方法强调研究者对被访者的叙述情景和过程的观察，并在此基础上对叙述内容及材料进行分析和解读，从中揭示普通人对事件的理解以及事件在社会生活中的意义。对于被访者叙述事件的过程和内容的分析将置于个人限制条件、时空场域、互动实践之中。[①] 通过捕捉当事人叙述事件的情景、背景和脉络等信息，将这些信息转化为故事的要素。

叙事分析法作为社会研究的一种方法，是源于语言学的转向而出现的叙事转向，并由此形成具有后结构主义和解构主义倾向的社会建构功能，强调通过"结构性分析"和"叙事行为分析"，将一种主体的体验与故事的意义赋予结合起来，重新进行社会建构。可见，主体体验、意义赋予和社会建构构成了叙事分析的主要特点，而"故事"就成为叙事分析法的文本或语言言说方式。因此，叙事分析法就是借助"故事"在"叙事材料"与"叙事解释"之间建

---

① 朱景文：《法社会学》，中国人民大学出版社 2005 年版，第 69 页。

立具体的、系统的因果联系，从经验研究中把握叙事特征，对叙事材料进行分析，以揭示社会现象中主体是如何在叙事过程中建构起社会性的联系并形成独特的社会学意义的。在此过程中，叙事的时间性构成的历史维度，叙事的普遍性所触发的底层关怀，和叙事的因果联系所形成的社会学想象一道，构成了叙事分析法的特征。

　　本书采用叙事分析法。叙事是人类基本的生存方式和表达方式，贯穿于社会互动与自我表达之中，是建构日常生活秩序、形成自我身份的重要途径。叙事内容再现了事件发生的顺序、叙事者的价值观念。叙事者通过叙事事件阐释自己的情感体验和思想意图，以叙述故事的方式表达自己的世界观、价值观和人生观，同时在叙述过程中建构叙事者自己的信念、思想价值和意图，以便展现他们的生活和亲身经历，使研究者可以在倾听叙事的过程中，洞察研究对象的内心世界，捕捉叙事者外显行为中透露出来的实践智慧。因此，叙事就是一种再呈现，一种阐释性行为。[①]

　　在具体的叙事分析过程中，如何在"叙事材料"与"叙事解释"之间建立具体的、系统的因果联系，需要将每个访谈材料从访谈者的角度，置于历史环境和当时的场景中，理解、揭示并建构故事背后的结构意义和社会学意涵。同时，通过借助一定的场景，或以叙事主体的故事呈现来组织和整理收集到的各种杂乱又鲜活的一手资料，以便从叙事资料中发现和抽离出规律性的东西。

　　在本书中，叙事分析法主要表现为通过企业家讲故事和访谈所获得的故事两种形式，形成行动者的叙事行为和作为结果的故事文本。对前者而言，在于通过企业家讲述企业成长的故事的行动来再现一种历史的秩序或时间中的故事过程，对后者而言，则在于通过

---

　　① 王红艳：《叙事分析的整体—内容视角——以分析一位教师的叙事为例》，《山东师范大学学报》（人文社会科学版）2009 年第 2 期。

企业家讲述的方式，在建构的故事文本中分析其生活的场景与意义世界。之所以使用叙述社会学的分析方法，是因为要了解企业成长，必须要知道这个企业从过去到现在的演变过程，才能从中挖掘有用的信息，如果没有文字的记载，需要创业者以讲述故事的方式向他人解释他们的行动和采取的措施，通过讲述创业者的历程、生产和再生产、过去的经历。作为一种质性研究方法，叙述研究在拓展研究者的社会学想象力的同时，也对叙事主题、叙事对象以及叙事技巧提出了较为严格的限制。

此外，本书还辅助采用系统方法。把事物作为一个具有一定组织、结构和性能的整体来看待，然后，再从整体与部分，部分与部分，整体与外部环境的关系上综合加以分析研究，从而找出解决问题的最佳途径。企业可持续成长是企业内在的生命力与企业环境综合作用的结果，它既决定于企业本身，也同它所处的外部环境密切相关。对于企业成长的这样一种复杂的现象，通过系统方法可以使分析逻辑更清楚，层次更分明。

二　资料来源

本书介绍的所有案例都是从中国餐饮连锁企业的调查中获得的第一手资料，自确定研究主题之后，笔者便着手整理了在比格餐饮企业调查的文字资料，以及参加"2011 年和 2012 年中国餐饮产业大会"时收集的相关餐饮企业资料，重新整理"大餐时代"的 17 个餐饮企业的实证资料。笔者在比格餐饮企业做实习生的时候做了细致的调查，整个调查从 2011 年 9 月到 2012 年 9 月，收集了大量资料。集中调查共有两次，一次是 2011 年 5 月到 7 月，一次是 2012 年 5 月到 9 月，共四个月的时间。

北京比格餐饮管理有限责任公司，2002 年 5 月 31 日成立，作为一个国内餐饮的自主品牌进入北京，其经营范围包括比萨饼、沙拉、饮料、酒等。2007年，比格被中国连锁经营协会授予最具成长力的连锁餐饮品牌。目前，比格比萨在全国已有150余家连锁店，其中北京有50多家，在比格公司的业务架构中可谓一家独大。其他几个品牌份额很小，像么么咖啡开了6家店，盒乐弁当开了10家店，火焰鸟牛排只在天津开了1家店。2008年，比格正逐步走向成熟与完善，并步入快速发展期。按照比格公司的发展规划，到2017年，门店要发展到300家；到2020年，门店将达到500家。其中，北京主要发展直营店，外埠则以加盟店为主。

2012年5月底，第一次在比格实习期间，笔者首先去拜访了赵总，在比格总部对赵总进行了长达半小时的深度访谈。然后，笔者参观了餐饮企业的面店，品尝了新品菜，对比格企业有了初步的了解，后来笔者被安排到人力资源部实习，由比格的副总裁张总接待，第一次对张总进行了长达2小时的深度访谈。然后，他带笔者走访了四家门店，有些是经营非常好的门店，也有些是需要进一步提升的门店。访谈之余，赵总建议说，了解一个餐饮企业，应该先从了解餐饮门店开始。于是笔者在中国人民大学西门比格餐厅实习了两个星期，这一时期的调查，使这项研究得以顺利开展，也使笔者对餐饮企业有了进一步的了解。

2012年9月初，笔者第二次去比格实习，这次先是从门店实习了两个星期，然后直接去总部，幸运的是笔者被安排在人力资源部，断断续续待了两个多月，这种参与式观察法，让笔者对餐饮企业了解颇深，然后针对研究所涉及的一些问题，以及在实习期间发现的疑问，笔者再次访谈了比格企业的高层领导，并参加了每天高层领导的早会。这样，笔者得以比较全面地了解一个企业的运作机制。在实习期间，访谈相关部门的主要负责人和员工，通过他们的讲述，笔者更好地了解了他们是如何建构企业制度和企业文化的，并获得了丰富的第一手资料。

三　内容结构

本书的框架结构包括绪论、正文、结束语、参考文献、后记，共五个部分。

第一章，是绪论部分。主要围绕问题的提出、选题意义、研究设计、核心概念界定，研究方法和论文结构等方面展开。

第二章，首先回顾了研究企业成长的不同理论，即企业生命周期理论、经济学理论和组织社会学理论等，从中归纳和分析了影响企业成长的因素、企业成长不同阶段的因素以及餐饮企业成长的因素，从而明确了餐饮企业生命历程中制约企业成长的复杂因素的理论定位。在此基础上，从组织与环境视角出发，在新制度主义的理论视角指导下，主要在对资源依赖理论的研究框架内，提出了分析框架，通过揭示这些结构性要素在不同阶段的表现方式，并结合组织社会学理论，从组织的角度分析餐饮企业成长的逻辑机制，抽象出这些关键因素内在的交互作用，从而形成"三维一体"的发展模式，即企业家能力、组织结构和企业文化的机制。

第三章，主要对餐饮行业的发展历程及其存在的问题进行描述和分析。通过对餐饮行业的历史、现状及存在的问题进行描述和分析，进一步明确了餐饮企业成长的宏观生命周期，也对中国餐饮业从改革开放以来的发展情况有了大致的认识和判断。在此基础上，结合社会变迁的趋势，进一步归纳和整理出餐饮企业发展的机遇和面临的挑战。

第四章，主要对餐饮企业成长的微观生命周期进行阶段划分。本章在回顾企业生命周期阶段理论的基础上，归纳和梳理出划分阶段的标准，并提出餐饮企业成长阶段的划分标准。通过餐饮企业成长阶段的描述和分析，从中归纳出每个阶段的主要特征、成长规律以及面临的主要问题。从而揭示了餐饮企业组织演变的逻辑机制，通过对餐饮企业的成长过程的描述，形成餐饮企业发展脉络的大致轮廓，然后根据每个阶段面临的主要问题，进一步挖掘这些问题背后的逻辑机制，从而归纳出几个主要的结构性要素。

第五章，在"三维一体"的分析框架下，分析企业家能力、组织结构和企业文化对企业资源组织——企业资源优化配置——企业资源交换等在循环过程中单个关键因素的作用变化。从横向层面，分析不同成长阶段中企业家能力、组织结构和企业文化的作用变化和作用机制。通过单个因素分析，归纳出这三个影响因素在不同阶段的重要作用的变化次序，并提炼成一般机制。

第六章，在"三维一体"的分析框架下，分析企业家能力、组织结构和企业文化对企业资源组织——企业资源优化配置——企业资源交换等在循环过程中这些影响因素的交互作用变化。从纵向层面，分析这三个关键因素的交互作用的变化和作用机制，在揭示多因素的内在影响机制的基础上，解释餐饮企业为什么"寿命短"或一般在三至五年容易"夭折"的现象。从企业生命周期理论来看，三至五年企业正处于创业期，或向成长期过渡的阶段，这个阶段是什么机制制约着餐饮企业的发展。

第七章，总结与思考。结论部分，本书认为，餐饮企业成长的过程中，"三维一体"的模式在企业四个发展阶段的作用是不同的。在创业阶段，影响餐饮企业成长的主要因素是人的因素，即企业家、创业团队，其次是组织结构和企业文化。在成长阶段，影响餐饮企业成长的主要因素是组织结构，其次是人的因素和企业文化。在成熟阶段，影响餐饮企业成长的主要因素是企业文化，其次是组织结构和人的因素。

第四节 创新与难点

一 创新之处

改革开放以来中国餐饮企业发展快速，但也有大量企业"寿命短、倒闭快"，本书以餐饮企业的成长模式及制约企业成长的复杂因素为研究对象，从企业生命周期阶段论角度展开探讨。主要创新体现在：对影响餐饮企业成长的复杂因素作了深入具体的分析，概括出企业家能力、组织结构和企业文化等因素构成的"三维一体"模式，并将这个模式应用到餐饮企业发展的创业、成长、成熟与衰退阶段的过程性分析。具体包括以下几个方面。

（一）提出了"三维一体"的发展模式。在回顾经济学和管理学对企业成长理论研究的基础上，梳理了影响餐饮业发展因素的研究，发现以往的研究都是从单因素或多因素来分析企业短命问题的，没有探究这些因素背后深层次的因果关系。本书在系统回顾以往关于餐饮业可持续发展的相关研究后，结合实地调查和资料分析，在寻找导致餐饮企业"寿命短、倒闭快"的复杂因素的基础上，揭示这些因素背后的结构性要素即人、制度和文化这三个关键因素是如何促进和制约企业可持续成长的。人的因素是指创业者团队（包括老板、中高层领导和一线服务员工）等，在企业发展的不同阶段扮演好主要角色，对企业的成长很重要。每个伟大的企业背后都必然有其伟大的企业家，可能不只是一个，而应该是多个。企业家从企业创立之初到成长为真正的大企业，在不同的时期不同的形势下给予企业发展准确的决策、指导，从而使企业走向飞速发展的轨道；制度因素是指行政管理需要一套规章制度，餐厅的运营模式需要一套标准化和规范化的流程制度，这些制度随着企业的成长需要不断地完善；文化因素是指企业文化，企业与企业之间主要的差别体现在企业文化建设方面。比如企业与员工、企业与加盟商和企业与顾客之间如何培育信任，树立企业的声誉和品牌影响力等这些无形却有力的驱动，在深层次上促使或制约企业的成长。

（二）将"三维一体"理论模式与企业成长阶段相结合进行过程性分析。从组织社会学的视角，对企业发展不同阶段"三维一体"模式中同一因素在企业不同发展阶段中的作用进行分析，对不同因素在同一阶段中的交互作用进行分析，主要从横向层面和纵向层面进行深入的探讨，以便揭示单因素对企业成长的影响和多因素交互作用的影响，从中挖掘这些因素背后的逻辑机制和社会学意涵。

第一，在创业阶段，影响餐饮企业成长的主要因素是创业者团队，其次是组织结构和企业文化。企业家能力具体表现在战略定位（市场定位）和敏锐的市场洞察力。在企业诞生初期，明确了品牌定位之后，就要考虑品牌服务的顾客群、选址、菜品、服务和环境等。这时组织结构非常简单，企业的运营主要以"经验管理"的方式为主，主要采取"情感＋规则"的方式，这种规则就是员工之间约定俗成的规则，主要采取"人治"的管理方式。

第二，在成长阶段，影响餐饮企业的主要因素是组织结构，其次是人的因素和企业文化。当餐饮企业直营成功之后，就会面临扩张门店的选择，一般有两种选择，即直营和加盟，这时需要建立与门店扩张相匹配的"以运营为中心的扁平化组织结构"，从而实现"自下而上"的结构分化。这个阶段中企业家能力是很重要的，由于企业在快速成长，企业家应高度集中权力，不能过早引进职业经理或过早放权，授权的前提是需要一套制度体系规范权力的行使和明确岗位职责，加强员工的向心力。反之，企业就会出现分权，增加员工的离心力。当门店不断扩张时，需要建立和完善相应的管控体系，即"中央厨房"和后台的供应链系统，配合管理和监督门店的运营情况。需要建立相应的人力资源制度，即考核、晋升、激励、培训和招聘等。这个阶段的重心是需要建立一套规范管理体系，从"人治"走向"制度"的管理方式，这种转型标志着企业开始走向规范化经营和管理。

第三，在成熟阶段，影响餐饮企业成长的主要因素是企业文化，其次是组织结构和人的因素。在这个阶段企业的规模不断扩大，员工人数也不断增加，这时需要员工价值观的整合和凝聚力的增加，需要良好的企业文化协调和促进企业的发展。如果缺少良好的企业文化，就会出现离心力。因此，在这一阶段企业家能力已经不是非常重要，企业的整个运作流程是一套完整的制度和体系在运作。

二 难点

本书对企业成长模式及制约企业成长的复杂因素，或在企业成长过程中哪些因素对其构成重要影响等问题进行了分析，其主要难点有以下几方面。

第一，对餐饮企业发展阶段的划分依据难以界定。在研究餐饮企业成长模式或揭示企业成长中主要的制约因素时，首先要对餐饮企业发展阶段进行划分，进而才能剖析企业在不同的成长阶段面临不同的主要任务或遇到不同的问题瓶颈。在实际调研过程中，餐饮企业的老板或经理人对企业成长过程的描述大都是口述的，这些口述资料是未经修正和再加工的，属于一手资料。但是，从中捕捉和挖掘企业成长的阶段所隐含的划分依据，往往会遇到很多困难，有时很难深入。

第二，在对餐饮企业的研究选点上受到了限制。由于无法得到中国餐饮企业"寿命短、倒闭快"的宏观趋势性数据，由于样本量有限，面对餐饮企业成长过程中的复杂因素，无法确定哪些因素对制约企业的成长有相关关系。如果能收集到大量的定量数据，可以很直观地把握制约餐饮企业成长的复杂因素。本书采用定性研究的方法，选择典型的企业，通过大量案例进行论证，虽然能够深入揭示制约企业成长的内在机制，但是不够直观。此外，研究需要深入考察企业组织的结构、功能以及企业在实际运行过程中组织间的相互关系和协调机制，由于获得的大数据有限，对企业的组织结构、功能及协调机制等都不能很好地进行把握。

第三，现存餐饮企业究竟处于怎样的发展阶段，面临着什么样的难题，都难以进行全面把握。由于餐饮行业中的餐饮企业的流动性较大，很难对餐饮企业做宏观把握，对于如何解决这个难题，对于其他餐饮企业方面的研究对我们有哪些借鉴意义等问题的探讨和思索，既需要从餐饮企业的历史脉络中寻找线索，又需要在微观层面对各个企业的实践经验进行比较研究，在分析经验材料中发现答案。因此，在书稿的构思过程中，缺乏大量宏观的数据，只是对少数企业进行深入的实地调研。

本书的不足之处在于，由于研究往往是有局限性的研究，无法穷尽餐饮企业所有的影响因素，即外部因素和内部因素，本书主要基于定性研究方法，收集的资料和案例较为有限，定量分析运用不足。从社会学角度，选取几个关键的影响因素做深入的分析，并进一步挖掘这些因素背后的机制，虽然有一定的深度，但在广度上则有一定的局限性，希冀在以后的研究中弥补这个不足。

第 二 章

文献综述与分析框架

正如企业成长本身并不是一个新鲜事物一样，关于企业成长的研究，对国内外学术界而言，也一直是经济学和管理学长期关注的重要内容之一，相关研究成果也颇为丰富。梳理企业成长研究的学术史，可以发现，对于这一问题的解释有两种不同范式，即经济学范式和管理学范式。这两个范式关注的基本主题有两个：一是企业与市场的关系以及企业如何成长，二是企业组织结构的运行。由于不同学科关注的中心主题不一样，自然所采取的观察事物的角度也不一样，两种范式对企业成长给出的解释是迥然不同的。对此，我们将系统地对这两种范式进行回顾和梳理。

第一节　文献综述

一　经济学范式

经济学范式对企业成长的研究，主要是将企业视为市场经济的主体，用"产出最大化"原则来解释企业在成长过程中，通过资源的最小化利用来推进企业持续发展、健康成长。在经济学理论中，效率机制就成为研究并解释企业成长的主要理论侧重点。

在经济学上，人们一般将企业视为生产环节的主体，而企业的发展则是通过企业的"产出——收益"过程，获得利益最大化。其中最终决定收益的是消费。从这个意义上而言，消费者和企业组织行为就构成了企业"产出——收益"的因果联系，其背后就是效率机制。这种效率机制是建立在"理性经济人"的假设之上的。在经济学家看来，无论是消费者还是企业组织，它们都是在"成本最小化"与"产出最大化"的理性选择中，通过提高效率以获得最大收益的一个博弈过程。效率的高低就成了测量获取有限资源有效性的一个判断标准。

在古典经济学中，企业成长与分工协作是联系在一起的，这也成为最早解释企业成长的一种理论流派。古典经济学家亚当·斯密在论证国家财富的来源时，发现劳动分工可以对生产效率产生推动作用，同时也能提高企业经济效益。他认为，企业的目的是获得经济利益，这个过程也是分工不断深化的过程。随着企业分工的不断细化与延伸，新的企业也会不断诞生。亚当·斯密的这种劳动分工思想，就成为古典经济学解释企业成长问题的理论渊源了。

亚当·斯密劳动分工的思想，后来为马克思所继承，并发展成为劳动协作思想。马克思认为，企业的成长不仅是以劳动分工带来的规模经济所推动的，也是通过劳动者的协作关系提高企业组织效率来推进的。面对同一工作量，单个劳动者的工作量总和与多个劳动者协作完成的工作量有着本质区别。由于同一生产过程中，协同劳动大于单位劳动者的劳动，因此，就将这种不同于单位劳动者的劳动形式称为"协作"。如果按照马克思对劳动协作的界定，企业的发展不仅与规模经济增长有关，也与劳动分工和协作有关，并以社会化大生产的方式为主。

与亚当·斯密关于企业成长的分工理论不同，新古典经济学派的马歇尔（1890）认为规范经济决定企业成长。企业成长依靠内外经济共同作用，其中，企业家是推动企业成长的关键因素，企业成长是优劣淘汰的结果。因而，企业的成功与否遵循着大自然的普遍规律。当然，经济学对企业成长的探讨并没有就此止步，新古典经济学从技术的角度研究企业成长，尤其重视研究企业成长的外部关系。该学派认为，企业成长是完全被动的，其边界由外部条件决定。因此，新古典经济学对于企业成长的研究，往往被后人称之为企业成长的"黑箱"。

新制度主义学派科斯（1937）通过交易成本机制解释企业成长的边界问题。他认为，如果按照价格机制来组织生产，交易成本为零，则无须企业来协调资源间的交易。如果交易成本过高，无法从市场上获得资源，则需要在企业内部组织进行交易。因此，企业作为价格机制的替代物而存在，其本质是一种不同于市场交易活动的契约形式。

根据这一研究脉络，关于企业与市场的关系研究，威廉姆森（1975）发展了科斯的"成本交易"，从资产专用性、交易的不确定性和交易频率等维度分析了企业边界的原则。他认为，"企业是一种连续生产过程中的纵向一体化实体"，由于市场交易信息的不确定性会导致资本事先投资不足，所以，企业需要将市场交易纳入企业组织内部，企业成长就表现为边界的纵向扩张。由此可见，不管是新古典经济还是新制度经济理论，都是对前人研究的批判与发展，都在不同视角探讨了企业的成长与演进。

彭罗斯（Penrose，1959）从管理能力和企业资源角度，推进了马歇尔提出的"企业内在成长理论"。她认为，就企业成长而言，内生资源对企业成长具有重要的影响，资源和能力构成了影响企业成长的边界。其中，人力资源构成企业内部最有价值的资源。由于企业内部的物质资源是通过人来体现出来的，所提供的服务和质量体现了企业获得资源的能力，这也决定了企业的管理能力。企业获得的资源越多，对企业成长的促进作用就越大。

通过文献梳理，我们发现，经济学更多的是从效率机制这一方面解释企业成长的。其实，现实中的企业成长现象很多是效率机制无法涵盖的。当然，梳理经济学的研究给我们提供了开阔的视野。目前社会学范式对企业成长的研究，主要从合法机制和制度化组织这两个逻辑进行，更多地倾向于宏观层面的解释，而从微观层面对企业成长机制的揭示并不多见。

二 管理学范式

管理学范式对于企业可持续成长的关注，主要集中在企业对外部环境的适应和内部资源组合能力等方面，他们认为企业竞争的优势主要来自企业资源和能力的获得和重新组合，从而实现企业的竞争优势和可持续发展，这种竞争优势来源于企业核心能力的培育。

管理学范式对企业成长生命周期阶段的划分作了详细的探索，但没有形成一种系统的解释以及没有揭示这些成长阶段和制约因素背后的机制是什么。对此，首先需要对企业生命周期理论进行系统性回顾。

企业生命周期概念是由美国学者伊查克·爱迪思（Ichahk Adizes，1989）提出的，这一理论把企业类比为生物体，通过生物体的生命周期阶段的理念，来揭示企业成长的研究。该理论从诞生、成长、衰退和死亡等生命周期现象认定企业成长遵循着与生物同样的生存规律，并认为这似乎是不可抗拒的自然规律。企业生命周期理论从提出至今经过了 30 多年发展，在不断的演进过程中形成了几个分支理论，本书选择进化论和阶段论的思想进行梳理。

（一）企业生命周期进化论

进化论把企业成长和发展视为和自然生命系统一样，遵循着规律性。进化论者认为，企业同生物体的演进一样，也具有新陈代谢的过程。由于企业不是自给的组织，需要从外界获得资源，然后在内部需要对现有的资源进行重新组合，使得内部的人、财、物等资源在经营机制中有效地组合起来。此外，企业具有自我复制能力。企业需要在不断地自我复制过程中实现资源最优化配置，进行生产与再生的循环，从而实现企业规模的扩展，与之相匹配地提高相应的组织架构、技术水平和人员素质。当然，企业也具有突变性。由于企业经营状况受内外环境的影响，尤其受经济政策、技术变化、人力资源的建设以及顾客需求的变化的影响，使得企业经营过程中不断实现从量变到质变的转化和突破。正如温特（Winter，1984）认为，企业成长是通过多样性、遗传性和自然选择性等这些内生机制的影响，通过这些核心机制来实现进化，当然组织、创新和路径依赖等进化对企业成长的影响非常重要。

纳尔逊和温特作为现代演化理论的奠基者，他们认为，企业的成长是通过生物进化的三种核心机制多样性、遗传性、自然选择性来完成的，并指出动态演进的企业和起到自然选择作用的市场机制是影响经济变迁的两个关键机制。在纳尔逊和温特的模型中，公司对新技术的搜寻建立在"满意"行为而不是"最优"行为的基础上。在他们较早建立的增长模型中，如果现有技术的盈利水平超过一定的阈值，公司就会保留现有的技术，否则，公司就会寻找新技术或模仿其他公司的技术。后来建设的模型假设公司追求的是满意的研发支出水平，他们只是例行公事地将固定比例的可用资金投入对新技术的搜寻。"满意"搜寻的概念非常关键，企业家的满意标准对公司的增长有着重大的影响。此外，尼尔森（Nelson，1982）也强调了市场环境提供企业成长的界限与企业存活能力和增长率的密切关系等三种核心机制，认为，它们对企业成长有促进或制约作用。

（二）企业生命周期阶段论

阶段论把企业成长视为一个具有若干阶段的连续过程。这一理论将研究重点置于企业成长要经历若干个阶段的问题上，如何归纳各个阶段的特征，并且发现不同阶段遇到的瓶颈，这对于实现企业可持续成长显得非常关键。这个理论从提出到不断发展，引起了诸多学者的关注，也形成了不同的流派，其中各个学派最主要的差异是在阶段划分上始终没有形成统一的标准，由于学者根据研究目的需要，划分的阶段数，至多可以看出十几种或至少有三阶段。在众多阶段论中，国外最具备代表性的有两种阶段论，即格雷纳阶段论和爱迪思阶段论。此后国内才开始引进结合本土化的实际，出现了五阶段、四阶段等划分方法。

伊查克·爱迪思（Ichak Adices，1989）在《企业生命周期》一书中提出了"企业生命周期阶段论"，并划分了十阶段。他的主要思想是把企业类比为生物体，根据生物体的演进过程，将企业视为有生命周期的，然后，"他采用灵活性和可控性两个指标，作为衡量企业成长的每个阶段的标准和依据，根据企业所具有的灵活性和可控性标准把企业生命周期细分为成长、再生与成熟和老化等阶段，然后将这三个大阶段再细分十个周期，即成长阶段主要是孕育期、婴儿期、学步期三个时期；再生与成熟阶段主要是青春期、盛年期、稳定期三个时期；老化阶段主要是贵族期、后贵族期（内耗期）、官僚期、死亡期四个时期"①。他研究得出，由于企业成长也有生命周期，在不同阶段遇到的问题也是不同的，同时也呈现出不同的特征，通过归纳总结不同阶段的特征和问题，就能判断企业处于哪个阶段，从而预先采取预防措施。他认为，当企业处于创业期时，充满灵活性，但可控性较差；当企业进入老化期，灵活性和可控性都逐渐变差了，直到最终走向死亡。因此，在他看来，企业组

---

① ［美］伊查克·麦迪思：《企业生命周期》，赵睿等译，中国社会科学出版社1997年版，第10页。

织体系是随着生命周期不断演变而改变着自己的行为模式，这些模式是循环的，将会展现出可以预测的行为模式，在迈向新生命阶段时，组织体系都将面临某种阵痛。此时，组织若能通过程序的控制，制定有效的决策来克服障碍，就能促进前一个阶段向后一个阶段的成功转化，反之，如果组织只是一味地走老路，那么更多的异常问题将随之而来，而且会一再重复，将妨碍组织的发展能力，也会影响企业成长的每个发展阶段。

1972 年，格雷纳将企业作为一般组织去研究，认为企业在成长不同阶段都要经历一段相当平静的稳定进化成长期，最后结束于不同形式的管理危机。组织存亡主要受组织年龄、组织规模、稳定进化时期、剧烈改革时期和产业成长率等内外因素的交互影响。这种影响牵动企业领导者的管理模式也要随着企业成长的不同阶段发生变化。然后他将组织成长划分为五个阶段，并归纳出每个阶段不同的特性，从而为管理人员提供度过每个阶段的经济危机的框架结构。尤其他特别强调了，企业处于稳定发展时期和进入变革时期的变化特点，其中，当企业处于前者时，组织为了适应内外部条件的需要，就会从内部产生一些新的矛盾，现行组织结构如果不适应环境的要求，组织就会发生不稳定；当企业处于后者时，这时需要采用适当的方法，将变革的现行组织结构进行完善，危机将得到解决，组织结构又适应外部环境，从而进入下一个稳定发展阶段，循环如此往复的发展过程。格雷纳的五阶段理论强调了创业者或经营者在企业成长过程中的决策方式和管理机制构建的变化过程，认为企业的每个成长阶段都由前期的演进和后期的变革或危机组成。每个阶段的演进期都有其独特的管理方式，变革由企业面临的居于支配地位的管理问题所导致，而这些变革能否顺利进行直接关系到企业的能否持续成长问题。

美国的理查德 L. 达夫特（Richard L. Daft）在《组织理论与设

计精要》（1999）一书中提出，企业组织发展要经历创业、集体化、规范化和精细化四个阶段。此外，斯坦梅茨通过系统研究企业成长过程，发现企业成长过程呈 S 形曲线，企业的成长主要经历了直接控制、指挥管理、间接控制及部门化组织四个阶段。

　　国内学者关于企业成长阶段的划分也多种多样，其中，陈佳贵（1998）从企业规模角度入手，将企业成长类型分为三个类型六个阶段：欠发育型、正常发育型和超常发育型三个类型和孕育期、求生存期、高速成长期、成熟期、衰退期和蜕变期六个阶段，并描述了每个不同阶段企业的特征和存在的风险。在陈佳贵教授之后，李业（2000）按照销售额把企业发展分为初生、成长、成熟、衰退四个阶段。[①]此外，他还根据企业的生命过程，提出了四种企业生命周期的具体形态，对企业生命周期的修正机制。许晓明（2002）在《民营企业生命周期》一文中，根据民营企业发展的企业规模、企业发展后劲和企业无形资产等指标建立了企业生命周期函数。依据函数求出曲线的拐点，然后将民营企业的生命周期划分为创业、成长、稳定和衰退四个阶段。

　　综上所述，通过对国内外生命周期理论和划分方法的回顾和梳理，我们发现，这些理论把企业的成长视为一个具有若干阶段的连续过程，认为企业在不同的成长阶段关注的企业管理和组织活动有所差异，即企业成长的各个不同阶段受不同因素的影响，将考察的重点放在了各个阶段的特征与问题上。因此，只有通过判断企业处于哪个阶段或哪个时期，才能明确所面临的问题，进而采取相应的处理措施。

　　现实中，大多数企业寿命极短，并不存在典型的生命周期和经营周期。现有生命周期理论是用约定俗成的生命周期概念替代了经

---

① 李业：《企业生命周期的修正模型及思考》，《南方经济》2000 年第 2 期。

营周期概念，使用生命周期这一概念后，就赋予了企业必然死亡的含义。如果这一含义成立，企业管理研究的价值就要大打折扣了，因为企业管理理论的核心就是要指导人们如何促进企业发展和避免死亡。现有生命周期理论强调企业与生物体的相似性，却忽视了企业与生物体的本质差异即生命基础不同、进化机制不同和死亡机制不同。如果将企业的成长类比为生物体的进化过程，企业成长同样经历着创业、成长、发展到成熟、变异等过程，在这个过程中企业会面临诸多不确定性，由于企业不是自给的组织，需要与外界不断地交换资源，才能实现可持续成长，所以社会环境对企业成长具有错综复杂的影响。

（三）两种范式的理论逻辑评述

正如我们上面所分析的那样，经济学范式和管理学范式对于企业成长的解释逻辑都是不同的。这种差别实际上体现了两种不同的企业成长观——对于企业成长的影响是受多种因素制约的，即包括外部因素和内部因素，由于研究的角度不同，只是从一个侧面解释现象而已，没有得出一个完整的逻辑图式解释一个企业的成长问题。

不管是经济学范式还是管理学范式，关于企业成长的解释逻辑都非常丰富。一是企业成长的分工协作逻辑，如亚当·斯密从劳动分工的角度解释企业成长。二是企业成长的知识创新逻辑，如熊彼特从创新视角研究企业成长，他认为企业与经济的发展，关键取决于以企业家为主导的企业的创新行为。三是企业成长的资源能力逻辑，如彭罗斯从资源能力角度解释企业成长，她认为企业不仅仅是一个管理单位，而且是在一个管理组织框架下的生产性资源集合体。这个解释机制侧重于从企业资源及其差异性出发来分析企业竞争优势的根源与企业成长的内在逻辑。此外，熊彼特、彭罗斯等人还从知识积累与创新的角度考察企业竞争优势的根源与企业成长的逻辑，将企业视为知识创新体，企业竞争优势源自其特有的知识拥有和培育，而企业的成长过程即是其"独特知识"的积累与创新过程。四是企业成长的环境逻辑，这是源于企业被视为一个"黑箱"，对于企业里面的运作机制是怎么样的没有探索清楚。对不同的市场结构的关注决定着企业不同的市场竞争战略行为，进而决定着企业不同的市场绩效与成长状况。五是企业成长的制度与制度变迁逻辑，主要关注的问题焦点是企业成长过程即企业边界扩大的过程，从科斯提出交易费用与价格机制，到此后威廉姆森重新界定交易费用的维度，进一步明确了企业与市场的关系，主要是交易费用这个机制在起关键作用，如市场的交易价格超过企业内部的交易价格，企业将外部的交易行为内化在企业里面，从而扩大企业的边界。六是企业成长的文化逻辑，主要观点是以企业文化作为机制来解释企业成长的问题，即认为以企业家为主导形成的、为全体或大多数员工所认同并乐于接受的一套群体意识和价值观，对企业成长的影响非常重要。

目前学界对企业成长因素的测量与指标的设定存在着许多争论。尽管对企业成长的分类和指标因研究对象的不同而有所差别，比如大型企业和中小型企业的测量不同，还有不同行业之间有其特殊性，但在影响因素的宏观划分上，基本能够形成一致性观点，即从外部因素和内部因素两个方面来寻找影响因素，而对具体影响因素的测量与指标设定上，却又存在较大分歧。此外，尽管学者们在企业生命周期研究中，对企业成长中由创业期、成长期、成熟期和衰退期、变革期构成的递进逻辑关系并无太大分歧，但是对这种递进关系具体用什么因素判断，或划分几个阶段却存有很大争议。对于企业成长因素，国内学者将其归纳为企业家能力或精神、企业文化、企业战略、企业人力资源等几个主要方面，但是，由于学者们的研究行业不同，根据行业中的企业的特性选取的主要因子不一样。多数都是从企业管理角度和经济学角度对企业成长进行解释的，而从社会学角度，通过参与观察和深度访谈来研究企业成长的并不多，尤其对餐饮企业的"活不长、长不大"的问题，从社会学角度揭示出这些影响因素背后的机制的研究甚少。

此外，学界研究企业生命周期时，一般认为，企业的成长有明显的阶段性，但是以什么标准和依据来判断企业的生命周期阶段，目前没有统一标准，比如企业到了什么程度就是成熟了，用什么样的指标可以判断，此外，企业生命周期是否具有可逆性等，对于这些问题，研究者远没有进行系统的论证，也没有达成广泛的共识。事实上，企业的成长过程是诸多因素共同作用的结果，同时受内外诸多因素的影响。显然，只关注企业成长的单方面的因素，无法全面解释企业成长的整体逻辑，也无法单独提供一个企业成长的综合图式，更不能揭示企业里面的运作机制。对于这一问题的关注和研究，需要从社会学的范式做进一步的深入分析。

三　组织社会学范式

尽管上述两种范式在解释企业成长方面各自有其特点，但是仍然存在一些局限性的解释，这并不是说这两种范式不对或有错误，而是这些范式局限于对单个企业组织影响的揭示，没有将企业组织生存问题置于整体的角度去思考。其实，企业组织内在结构的变迁，不仅限于自身变化所引发的原因，还受外在环境的影响，并在不断适应外在环境的变化而变化。此外，两种解释范式都是从内在的视角、用单极的思维来分析企业成长现象，一个是从企业的内在视角出发，一个是从逻辑推演的角度出发，如果考虑到企业组织的利益最大化，面对复杂的现实环境就无法给出很有力度的解释。

企业作为一种组织，它是如何生存的问题一直是组织社会学思考的核心话题。在组织理论的发展过程中，社会学家提出了组织成长模式的三种解释：一是理性的决策和科学的管理思想，即所谓的理性系统视角；二是组织是一种调整自己适应所处环境以求生存的社会群体，对组织的维护本身会成为组织的目标；三是开放系统的视角，其组织内部相互依存的活动系统，组织的外部环境的影响，以及不断渗透组织，更重要的是组织的各个部分不仅是相互依存的，也取决于不同部分之间的差异性。

（一）理性系统理论的主要流派与基本观点

从理性系统的视角看，组织是为实现特定目的所设计的工具。这个工具的好坏取决于多因素，组织结构的理性概念可用于解释这些因素的作用。此处的理性不包括目标的选择，仅限于考察给定目标的实现。这一理论的出发点是，组织及其成员的行为是行为者有目的的协调行动。组织的基本特征是目标具体化和结构正式化，正是导致组织行动的理性的重要因素。因此，从根本的意义上说，组织结构是一种手段、一个工具，为了提高绩效，可以对它进行修改。持理性系统取向的理论流派主要包括泰勒的科学管理、法约尔等人的行政管理理论、韦伯的科层制理论以及西蒙的行政行为理论。①

1. 泰勒的科学管理理论

泰勒提倡改变传统的经验管理，他认为，劳动组织可以成为科学研究和科学管理的对象。泰勒科学管理思想的核心是标准化、规范化和制度化管理，以此通过组织劳动能力使企业获得最好的成效。② 具体强调："把原来计划职能和执行职能分开，将工作按工序进行排列，由计划部门人员编制出工作指导方针，工人按照工作指导的具体方案进行操作，这种方法摆脱了过去凭个人经验和习惯进

---

① ［美］W. 理查德·斯科特、杰拉尔德·F. 戴维斯：《组织理论——理性、自然与开放系统的视角》，高俊山译，中国人民大学出版社 2011 年版，第 37 页。

② ［美］弗雷德里克·泰勒：《科学管理原理》，马风才译，机械工业出版社 2007 年版。

行操作的状况。"①

　　泰勒的科学管理思想，为世界各国企业管理的发展提供了科学经验。由于在管理中实现了效率最大化，因而最大限度地发挥了员工的才能，甚至也促进了不同发展国家的社会和企业管理水平的提高。当然，这种管理方法在某种程度上也体现出了资本主义"人剥削人"的本质，流程化、规范化、标准化的运作方式是一种"人为机器所用"的现状。但是，我们也不能忽视其中的价值所在。科学地选择管理人才，可以很好地发挥管理者的才能，同时也提高企业的效率，尤其在市场经济条件下，优胜劣汰、适者生存的现象日益突出，这对于企业实现科学管理有一定的借鉴意义。最重要的是，泰勒的科学管理思想，突出了作为一个企业的管理者应该协调好与工人的关系，分工协作，通过一套标准化、规范化管理，使管理者与工人之间实现相互了解彼此的需要。只有这样，才能使管理者与工人的目标一致，才能更好地完成工作，使企业实现可持续发展。

　　管理中的人和技术始终是管理的最基本要素，随着生产力的发展、科技的进步、社会环境的变迁以及企业组织结构的变化，这两个基本要素仍然存在，改变的仅仅是两个基本要素在管理中的权重及其协调性。泰勒的科学管理虽然是从最简单的操作技术开始研究，但在其实施和运用中，不可避免地触及人的要素及与之相关联的问题，从而引发一场管理的心理革命。

　　2. 韦伯的科层制理论

　　韦伯是德国著名的社会学家和政治经济学家，他与泰勒和法约尔是同一时代的人，但是研究思路却完全不同。韦伯对权威有一个著名的三分类：传统型、理法型和魅力型。他认为，不同类型的权威的区别源于对赋予该种权威统治关系正当性的信仰。每种权威类

————————

① 韩庆详：《根本——世界著理名著解读》，北京科学出版社 2005 年版，第 9 页。

型都对应着一个不同的行政结构。传统型权威导致以世袭制为典型的许多差别很大的结构。理法型权威是非人格的正式结构的基础，这种结构在现代社会的科层体制中得到了充分的发展。魅力型权威则形成"极度个人化"的关系，这种关系将一位领袖与他的一群忠实追随者和信徒联结在一起。对权威的分类是韦伯解释行政体系随时间发生根本性变化的概念基础。韦伯的科层制强调了一种特定的行政结构，这种结构的发展与理法型权威模式有关。科层制具有这样一些特点：参与者之间有固定的劳动分工；设置等级制的官员职位；有一系列指导行为的一般规则；职位财产和权利与个人财产和权利分离；根据技术能力选拔人员。

根据韦伯的研究，科层制行政体系与传统型行政系统的不同之处主要体现在：明确界定职位的管辖权范围。对具体个人常规活动的要求分配在固定的职位责任上。在科层制理论中，组织为了进一步说明壁垒清晰的层级式管理体制，使该系统可以在长期的实践中合理设计。合理的理论体系往往强调合理的结构设置，以便更有效地达成目标，使参与者能够以一个有序的方式形成决策和对个人行为的规范性约束的组织结构。从更广泛的意义上说，存在合理的系统理论主张自己的结构，而不是个别参与者的存在合理性的"理性"，以确保参与者的行为与该系统的目标是一致的合理的控制机制，合理评估的行为与检测存在的差异在于合理的奖励制度，鼓励参与者完成目标。通过韦伯的科层制度理论分析发现，合理的系统理论强调的是结构特征和约束的有效性，而不是参与者的特点，本尼斯把这一体系称为"没有人的组织"。

（二）自然系统理论的主要流派与基本观点

自然生态系统理论强调，该组织首先是最重要的一个人类集合体，组织行为学不只是一个理性的操作过程或该组织的成员不应有一个单一的结构上的限制。这一理论的传统目标是人的组织行为学，对于非正式结构和规则的复杂性，更倾向于心理机制、互动行为，组织成员是非正式结构的人类集合体。其理论流派主要包括梅奥的人际关系学说、巴纳德的协作系统观点、塞尔兹尼克的制度学派、帕森斯的 AGIL 机制。① 虽然自然系统视角在很大程度上是在批判理性系统机制的不足中发展起来的，但是，不应该把它仅仅看作对另一个视角的批评。相反，它引入了一种新颖而独特的研究组织的视角。

1. 人际关系学派

人际关系学派的发展与霍桑实验的不断深入相伴。梅奥是人际关系学派的创始人，其观点是在 1933 年出版的《工业文明中的人类问题》一书中集中阐述的。人际关系理论的重大突破在于它肯定了经济和技术组织，是社会团体的力量，也就是说，它肯定了心理因素、社会结构在组织运行中的作用。梅奥与泰勒不同在于，泰勒是从企业的管理技术和科学分析入手来解决效率问题的，梅奥是从人的社会性和心理感受入手来解决效率问题。工人并非"理性的"经济人，而是具有多重目标和价值观的复杂人，感觉与情绪对他们的激励不亚于事实与利益。工人是社会群体的一员，他们不是单独行动者，不是孤立的个体，他们对同事的义务和忠诚甚至超过自身利益的关心。霍桑实验揭示了在社会心理层面工人的动机模式相当复杂，其基础是社会心理学而不是经济人的概念。在一般情况下，组织理论的批评倾向于认为，人际关系学说首先对以理性为组织建构原则的合理性系统理论进行了质疑。人际关系学说认为，人们的心理因素（满意度、自豪感等）和非正式群体中的规则，是为了洞察组织运行秩序的元素（从组织的角度来看，构成的合理的设计规

---

① ［美］W. 理查德·斯科特、杰拉尔德·F. 戴维斯：《组织理论——理性、自然与开放系统的视角》，第 59 页。

则和运行秩序是不同的)。

2. 巴纳德的协作体系理论

巴纳德强调从人本身来研究组织与管理的问题,组织本质上是一个整合个体参与者贡献的协作系统。他将正式组织定义为"个人之间有意识、经过协商和有目的的协作"[①]。根据他的定义,理性系统特点,即区别于其他社会结构的属性,但他所作的分析主要关注那些更为一般的共同属性。他还强调组织的存在依赖于参与者为其作贡献的意愿,组织必须诱导参与者为其作贡献,组织拥有各种激励措施可以使用,包括物质奖励和获取声望、荣誉与权力等,组织必须得到充分的参与者贡献才能生存。他分析了正式组织与非正式组织的关系,认为正式组织不仅产生于并且离不开非正式组织,其中非物质、非正式、人际关系和道德基础具有协作作用。他认为,成功的组织的关键要素是要有一个从道义上把参与者约束在一起的集体目标,"不仅要遵从一套复杂的道德准则,还要为他人创造这样的准则,是经理责任所特有的标志。这个职能中最被广泛认可的内容包括保持、创立和激发组织中的'士气'。这是一个在组织或协作系统以及正式权威体系中,灌输和引导观念、态度和忠诚的过程。这一过程使得个体利益服从组织利益,少数人支配成员的个人准则,从而实现协作系统的整体利益"[②]。与其他人相比,巴纳德更为关注环境,认识到组织寻求生存的力量远远大于追求目标的力量。

事实上,自然系统视角把组织视作一个集体,参与社会群体共有的属性。与理性系统相反,自然系统关注目标的复杂性和非正式

---

① [美] W. 理查德·斯科特、杰拉尔德·F. 戴维斯:《组织理论——理性、自然与开放系统的视角》,第65页。

② [美] W. 理查德·斯科特、杰拉尔德·F. 戴维斯:《组织理论——理性、自然与开放系统的视角》,第61页。

结构。所谓"目标的复杂性",是指组织往往有着更为多重的目标,除了产出目标外,还必须有一套要履行支持或维护的目标。组织不仅仅被看作实现特定目标的工具,从本质上,它是一种调整自己不断适应环境以求生存的社会群体,对组织的维护本身会成为组织的目标。所谓"非正式结构",主要是指组织结构中并不仅限于规章制度、职能的界定以及相关的参与者行为的规范等。除了这些,从自然系统来看,个体参与者从来都不只是"受雇的劳力",他们有心有脑,他们把投入的信念、期望和情感同样也带进了组织中,为组织带来不同的价值、兴趣和能力。自然系统理论家认为,组织的社会结构并不只是正式结构加上个体参与才具有的独特的信仰与行为,而是由正式结构和非正式结构双重结构制约的,尤其非正式结构有其自身的结构和秩序。正如罗斯里斯伯格和迪克森认为,正式组织反映的是管理层制定的"成本与效率逻辑",而非正式结构则反映了工人创造的"情感逻辑"①,这种非正式结构有其自身的作用和价值,可以促进交流、增强信任和弥补正式体系中的不足。

(三)组织与环境理论的主要流派与基本观点

与理性系统和自然系统都不一样,组织与环境理论将组织视为一个封闭的体系,与其所处的环境分隔开来。然而,随着社会的变迁,组织并不是与环境完全割裂的封闭系统,而是开放的依赖于外界的人员、资源、信息的开放系统。

在组织与环境的视角之下,产生了很多新的理论流派,其中影响较大的有种群生态学、资源依赖理论和新制度主义理论。这三个理论的研究都集中于"组织与环境之间的关系"这一主题。其中,种群生态学是汉南和弗里曼于1977年提出的,资源依赖理论是菲

---

① [美]W. 理查德·斯科特、杰拉尔德·F. 戴维斯:《组织理论——理性、自然与开放系统的视角》,第59页。

弗尔和萨兰奇克在 1978 年提出的，新制度学派是迈耶和罗恩于 1977 年提出的。[①] 这三个理论流派具有一定的关联性，种群生态学和资源依赖理论的很多观点也给了本书研究很多启发。

1. 种群生态学理论

种群生态学理论主要探讨组织种群（Population）的创造、成长和消亡过程，并在这种过程中不断地与环境同构。该理论重点解释"为什么一些类型的组织能生存下来，而另一些则消亡了"的问题，此外也关注了相同行业内的不同组织如何在长期竞争环境下实现可持续发展的问题。对此，1977 年汉南（Hannan）和弗里曼（Freeman）在 AJS 上发表了《组织的种群生态学》的文章，这个文章主要从组织层来探讨组织对环境适应与否与组织的存亡之间的关系，而不是从个体层面即把单个组织作为分析单位。其中基本的假设是分享相同资源的组织之间会因为争夺资源而相互竞争，这种激烈的竞争就会直接影响组织的生存与发展。这个理论对组织的基本命题是：组织类型对环境的适应与否决定了组织的存亡。在分析方式中，种群生态学理论强调变异、选择和保留等生存过程，其中变异主要指组织要不断创新；选择指环境选择适宜的组织；存留指组织的生存。随着环境的变化，就会出现适者生存、优胜劣汰的现象，这也是自然选择的进化阶段，在这个适应阶段中，最重要的是选择，因为只有通过选择，才会获得生存的基本要素。

种群生态学虽然不是我们分析的主要视角，但是它提出的基本问题即"为什么一种类型的组织生存，而另一种类型的组织死亡"帮助我们把单个餐饮企业案例扩展到一批餐饮企业，让我们认识到，其实一个餐饮企业具有的生存环境，也关系着同类型的餐饮企业的生存环境。如果说，种群生态理论是从环境的角度出发，强调环境

---

① 周雪光：《组织社会学十讲》，社会科学文献出版社 2003 年版，第 32 页。

的"选择"和组织的被动性的话，那么资源依赖理论则是从组织出发，强调组织对环境的"适应"和组织的主动性（邱泽奇，1999）。

2. 资源依附理论

资源依赖理论主要关注的命题是："将资源交换看作是组织和环境关系的核心纽带，即没有组织是自给的，所有组织都需要与环境进行交换，由此获得生存。"对于这个观点，普费（Pfeffer）和萨兰希克（Salancik）在1978年发表的经典之作《组织的外部控制》中，进行了系统和全面的论述。他们认为，组织生存的关键是"获得资源和重新组合资源的能力"。由于环境中包含了组织生存的稀缺资源，所以组织的生存需要与环境不断建构关系。为了生存，组织需要与那些拥有资源的外部行动者进行互动交往，通过这种交往和谈判获得更多的资源，而这种交往和谈判的能力决定了组织的生存机会。面对资源获取的不确定性，组织需要不断改变自身的结构和行为模式，以便更好地获取稀缺资源，从而壮大自己，并使对环境的依赖程度降至最小化。① 这个理论分析的起点是：首先确定组织的需求和可以满足需要的来源，从中厘清确定资源的关键性，特别是针对组织稀缺性，并寻求关键资源的获得途径。在社会环境中，尤其在组织与环境的主动关系中，组织需要主动地考察环境，进而发现机会和威胁，从中判断趋利避害。因此，这个理论认为组织有能力与环境同构，进行资源交换，并有能力对外部环境的变化做出反应，主要表现在管理人员对环境和组织的管理上，特别是对外部环境的敏感度和管理上。资源依赖理论最重要的贡献是，让人们看到了组织可以采取各种战略措施为改变企业的发展选择环境和适应环境。

---

① 卜华白、刘沛林：《企业竞争战略选择的途径确定——一种基于资源依赖理论的分析》，《湖南社会科学》2006年第2期。

资源依赖理论对我们最大的启发是：让我们进一步认识到企业的成长在于稀缺资源的获得，企业与环境是同构关系，企业对环境资源高度依赖，同时，企业并不是被动地由环境选择，而应当采取主动的战略方式去控制环境以获得更多的资源。如果与新制度主义的思想结合，我们会发现，企业要想获得社会环境的认同，需要建构企业的社会声誉，从而得到环境和社会价值的合法性认可，可以从环境中不断获得更多的声誉和资源，从而实现可持续发展。

3. 新制度主义理论视角

自 20 世纪 70 年代中期以来，制度学派开始兴起。在经济学界，道格拉斯·诺斯（1975）、奥利弗威·廉姆森（1985）的研究工作使经济学的新制度学派萌发；在政治学界，马奇和奥尔森的"新制度主义"的文章（1984）引起了广泛关注；组织学的新制度学派，主要是由迈耶和罗恩开创的。[①]

迈耶和罗恩于 1977 年在《美国社会学》杂志发表了《制度化的组织——作为神话和仪式的正式结构》一文，开创了组织社会学领域中的新制度主义学派。新制度主义的中心命题是强调合法性机制在组织结构内部以及在组织与制度环境互动中的重要作用。长期以来，效率机制的解释逻辑在组织领域中盛行，即认为观察到的组织现象是组织追求效率的结果。经济学中的效率机制与社会学中的功能主义在这一问题上十分相近。但是，迈耶和罗恩的文章提出了与效率机制不同的合法性机制，主要强调意义上的合法性机制，即组织本身没有自主选择权，需要与制度环境建构合法性的认可，主要通过组织行为、组织形式来塑造企业的社会声誉。

这个思想主要来源于早期制度主义的组织学家塞尔兹尼克。他在《TVA 与基层组织》中指出，组织是一个制度化的组织，即组

---

① 周雪光：《组织社会学十讲》，第 32 页。

织不是一个封闭的系统，而是受所处社会环境的影响，环境不断渗入组织里面。组织的发展演变是一个自然的过程，组织需要与周围环境不断相互作用，改变自身适应周围的社会环境的自然产物，组织的发展不是人为设计的结果。在《行政管理的领袖》中，他把"制度化"定义为"超过了组织的具体任务或者技术需要的价值判断渗透、渗入进组织内部的过程"。他认为，关于组织，最重要的事情不是它们是一种工具，而是每个组织都有自己的生命。在早期的著作中他强调个人及环境对组织的约束，这些现象的背后是制度化的作用。制度化是一个道德中性的过程：从不稳定、松散结合、狭隘的技术活动中产生有序、稳定、社会的整合模式，制度化最重要的意义是通过这个过程使结构或活动获得超越眼前的技术要求的价值。制度由文化——认知、准则和管理制度要素以及相关的活动与资源构成，它为社会生活提供稳定性和意义。不同学科对制度的关注是不一样的，经济学和政治学强调管制要素，社会学强调规范要素，人类学和组织学则强调文化——认知要素。

总体来说，早期的组织研究者基本上是从两个解释机制的路径对组织制度、结构和运行进行研究和分析的。一种是效率机制，主要是以理性系统理论为代表的路径，他们认为组织是为实现特定目的所设计的工具。而另一种是合法性机制，主要是以新制度学派理论为代表的路径。新制度主义是本研究的视角，提出的合法性机制、制度化的组织都是我们分析的基本概念。在新制度主义看来，组织是一个制度化的组织，对企业组织来说最重要的是合法性机制，而非技术环境。其更加关心组织的制度环境，也关心组织的技术环境，同时关心组织面对外部环境的时候所采取的行动策略，而不是被动地适应环境。

第二节　"三维一体"模式的分析框架

在梳理组织的三种学科研究范式基础上，本书依据理性系统、自然系统和组织与环境等理论范式，结合对餐饮企业的调研资料，总结出企业成长的"三维一体"模式，并作为分析餐饮企业成长的理论分析框架。

从理性系统理论视角来看，"组织及其成员的行为是行为者有目的的协调行动"[①]。在理性系统理论学者看来，组织行为是在明确的特定范围内发生的，"他们强调的目标具体化和结构正式化，正是导致组织行动的理性的重要因素"[②]。所谓"目标具体化"即目标源自所求的结果，是"目标的精确度和具体化程度取决于对所求结果的判断准则"[③]。组织结构的设定，主要根据特定的目标来为组织的行动选择提供准则，合理的组织架构能够起到结构分化、分工协调的作用，即需要完成哪些任务，雇用哪类人员，以及如何在不同参与者之间分配资源。由于对组织结构起到了"结构正式化"的作用，主要是指对约束行为的规则做出明确的显性表述，确定结构中各个角色和角色之间关系的规范，这种规范不会因具体占据这些角色的人的不同而改变。正式化使参与者和观察者能够勾画出社会结构图和工作流程。"从根本的意义上说，组织结构是一种手段、一个工具，为了提高绩效，可以对它进行修改。"[④] 此外，从企业系

---

① ［美］W. 理查德·斯科特、杰拉尔德·F. 戴维斯：《组织理论——理性、自然与开放系统的视角》，第33页。

② ［美］W. 理查德·斯科特、杰拉尔德·F. 戴维斯：《组织理论——理性、自然与开放系统的视角》，第33页。

③ ［美］W. 理查德·斯科特、杰拉尔德·F. 戴维斯：《组织理论——理性、自然与开放系统的视角》，第33页。

④ ［美］W. 理查德·斯科特、杰拉尔德·F. 戴维斯：《组织理论——理性、自然与开放系统的视角》，第35页。

统论的角度来看，影响企业成长的外部因素主要有行业成熟度、市场环境和社会环境等，但是，"影响企业生存和成长的内在要素主要有人、财、物三种物质资源以及'无形资产'的非物质资源"①。在新经济时代，企业之间的竞争归根到底是人才的竞争，餐饮业尤为如此。拥有了高素质满意的员工，就在很大程度上拥有了高质量的产品和服务，企业的核心竞争能力就得到了保障。从企业的内在因素中，我们发现，企业家能力、组织结构和企业文化就构成了影响企业成长的关键性因素，它们在企业成长过程中是相互制约的关系，通过企业的生命周期阶段发挥作用。

从开放系统的视角来看，组织受外部环境的影响，外界要素的联系与内部要素的联系更为关键。开放系统很少关注正式结构和非正式结构的区分，相反，它把组织视作内部相互依赖的活动的体系。对于组织而言，不仅要看各部分相互依赖，也要看不同部分之间的差异。因此，所有这些活动都必须不断被激发出来。开放系统研究视角的引入引起了分析层次上的细化和提高，分析的单位不再只是组织。如果把单个组织作为某种结构类型的代表或是更大关系体系中的组成部分，许多组织的现象将更容易理解和解释。开放系统视角推动了进一步理解组织环境的研究。

尽管开放系统视角的出现和发展晚于理性系统和自然系统视角，但却迅速获得了众多研究者的支持，而且改变了我们对组织及其主要属性特征和组织过程的研究认识。组织与环境的相互依赖关系在开放系统视角中给予了充分的关注。与理性系统和自然系统理论忽略环境，或者早期的其他学者将环境视为组织的异己或敌对因素不同，开放系统视角强调组织与其周围及渗透到组织的要素之间的联系的交互作用。环境被看成物质的、能量的和信息的终极资

---

① 汤明：《企业成长的四维理论》，经济科学出版社 2007 年版，第 78 页。

源，而不像早期的理性和自然环境被视为系统延续所离不开的物质、资源和信息的终极来源，环境也被认为是秩序的来源。主要的流派是系统设计学派、权变理论和维克的组织机制。系统设计学派理论家的出发点，是探索如何改变和改进组织，而不是局限于描述和理解，他们主要对系统复杂程度、正常的事故与可靠的组织和信息流等进行深入的研究。权变理论的主要观点是设计决策取决于环境条件，对环境权衡的结果，认为内部特征与所处环境的要求相匹配的组织适应性最强。事实上，环境本身被看作规范的来源。组织与环境的视角给我们最重要的启示在于：组织是参与者之间关系不断变化是相互联系、相互依赖的活动体系；该体系植根于其运行的环境之中，既依赖于与环境之间的交换，同时也由环境建构。

为此，我们以组织与环境的视角、"环境——组织"的二元分析框架，认识到在组织和环境中，合法性机制可能要比效率机制更重要；此外，组织是制度化的组织，不是自给自足的，必须从外界不断地获得资源，适应环境以及组织的生存过程是环境自然选择和自身不断适应的过程。正如帕森斯认为，组织常常会划分为三个独特的层次；技术性组织（关注生产活动）、管理性的组织（强调控制与协调活动，资源获得与产品处理）、制度性组织（关注组织与社群、社会规范与习俗活动）。① 帕森斯的这种基于结构功能理论的组织层次划分，强调了"每个层次上的组织功能在本质上是不同的"②。这种类似于组织结构要素的层次，为本书的理论分析框架提供了极大的启发，并构成了本书"三维一体"模式的分析框架，还为企业家的能力在不同阶段的重要作用、制度规范的建立和完善在餐饮企业不同发展阶段的影响，以及企业文化对餐饮企业发展的意

---

① ［美］斯科特：《制度与组织——思想观念与物质利益》（第 3 版），姚伟等译，第 31 页。

② ［美］斯科特：《制度与组织——思想观念与物质利益》（第 3 版），姚伟等译，第 53 页。

义的分析，提供了有益启发。

在此基础上，本书也借用企业生命周期阶段论视角审视企业成长规律，试图揭示在企业成长的不同阶段，制约企业成长的结构性要素。如果企业类似于生命体，为什么有些企业"长寿"而有些企业则是"短寿"。对这些问题的系统性探索，主要侧重于企业内在因素的运行机制的研究，尤其是企业家、制度和企业文化等因素在企业相应的成长阶段是如何影响企业成长寿命的。本书认为，这些因素通过"三维一体"模式在企业成长过程中起到了决定性的作用（如图 2-1 所示）。本书用这个框架来分析餐饮企业组织，是因为餐饮企业与其他组织相比，其组织形式和组织行为对合法性的要求更加强烈，餐饮企业是一个制度化的组织，而合法性机制对餐饮企业的影响远远比技术环境更重要。

实际上，对于上述问题的论述依次在企业、企业内在因素和影响机制三个层面上展开，从宏观逐渐下移到微观、从微观到微观，再从微观到宏观这样一个分析层次，对不同层面问题的回答则会引入不同的解释框架。通过归纳企业家能力、组织结构和企业文化的结构性因素，建构了影响餐饮企业成长的架构图式，我们称之为"三维一体"模式（如图 2-1 所示）。尽管就单一维度而言，其在企业成长的不同阶段起的作用不一样，但都是围绕企业良性发展和协调运行这一主旨而起作用的，三者之间是一种相互促进、协调发展的关系。因此，本书在对企业宏观环境的变化趋势进行系统分析的基础上，将影响企业成长的不同阶段的因素，简化为人、结构和文化三个主要因素，以此建构"三维一体"模式，进一步揭示餐饮企业成长的作用机制。

一 资源层之基础：人的因素

企业最大的、最长久的，也是最关键的资源是人力资源，离开

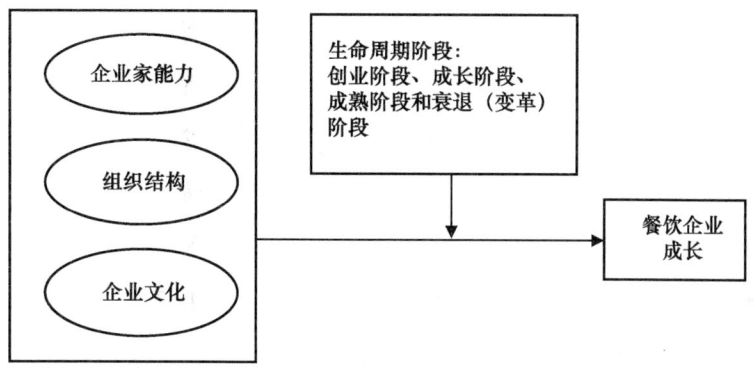

图 2－1　餐饮企业成长与"三维一体"模式关系

这个资源，其他资源将失去意义。人的活动创造了一切，企业人力资源是资源层的基础。企业之间的竞争主要是人才的竞争，拥有了高素质和高满意度的员工，就在很大程度上拥有了高质量的产品和服务，企业的核心竞争能力就得到了保障。所以，人才是企业最珍贵的资源，是决定企业成败的关键。在组织内部，人的因素是一种可变性最大的因素，也是对组织运转影响最大的因素。在组织内部，人的变项主要指人的需要、动机、态度、信仰与价值体系等，具体指企业家能力、领导团队能力和员工需求等。尤其是每一个成功的企业背后必然有个伟大的缔造者，他们不只是一个，而应该是多个，从企业的初创到成长为真正的企业，他们在企业成长的不同阶段和形势下，给予企业准确的导航，从而将企业一步步做大做强。

　　但是，企业家能力不是直接作用于企业发展的，而是通过其他的途径和因素间接实现的。对企业家能力因素的研究，应与餐饮企业的组织结构、规章制度和企业文化等因素结合起来，将组织结构、企业制度等"硬"的因素与企业家个人的感召力、世界观、价值观、性格、态度等"软"因素结合起来，来分析其在不同阶段对餐饮企业健康成长的影响，以及在同一阶段，与其他影响餐饮企业发展的因素之间的相互作用。因此，企业家能力作为企业发展所需资源的基础，是企业成长的关键性因素之一。

二 制度层之支撑：组织结构因素

制度层是由于组织中人的因素非常重要，加之人的因素在运转中的可变性最大，人们在设计组织结构时，竭力限制人在组织内部的随意性，并以此作为制定规则的基本前提而得到重视。这些因素的不同，人在组织内的表现程度不同，决定了组织结构的设计与运转。诺斯（1991）指出，制度本身是一套规则，它遵循一定的要求和合乎伦理道德的行为规范，被用来约束个人的行为。考察企业内部的制度、管理制度和经营体系，这些因素是决定企业成长的内部因素，诸如晋升制度、激励制度、福利制度、奖惩制度、绩效制度等，它们发挥着影响企业成长的关键作用。

企业组织是一种结构形式，其组织结构是指"一个组织内各构成要素之间所确立的关系的形式。或者说，是一个组织内各要素的排列组合方式"[①]。一般而言，就规章、职务和权力之间的关系形成的一套系统化的组织结构，体现各项工作如何分工协调、分工明确、权力分明等的内部协调机制（Jones，2004）。组织结构系统不仅是管理学关注的领域，同时也是社会学，尤其是组织社会学所关注的重点领域，因此，组织结构研究是组织理论发展的一种表现形式。于显洋教授从社会学角度定义了组织结构，将其视为"组织内部正式规定的、比较稳定的相互关系形式"[②]。对于组织的研究，随着组织的变化出现多种解释范式，其中传统组织理论认为，组织结构的特征包括组织的稳定、明确的相互关系形式、清楚的职权和严格的沟通渠道等，以及非人格化和形式化等概念。而现代组织理论

---

① 邹再华：《现代组织管理学》，湖南人民出版社 1988 年版，第 71 页。

② 于显洋：《组织社会学》（第二版），中国人民大学出版社 2009 年版，第 10 页。

则更加强调组织结构与环境的关系，相信灵活的结构形式能更好地适应环境需要，也更有效率。

对于组织结构和规章制度对企业成长产生的重要影响，如前所述，泰勒、法约尔和韦伯等进行了论述。泰勒从科学管理的角度提出组织结构在企业成长中发挥的三个作用：（1）依据计划职能设立单独的职能部门，从事时间和动作研究；（2）按照职能实施纵向管理，强调管理者对所负责工作的管理；（3）例外原则，强调管理者在授权的同时保留对例外的、特殊的管理事物和非程序型问题的决策权。法约尔则认为，"处于不同发展程度的和发展阶段的社会组织应该具有不同的组织结构形式""社会组织的一般形式差不多仅只取决于企业的人数"。①他强调组织架构图的清晰化、便利化，这种组织图标应该清楚地划出全体员工的岗位都是什么、每个部门的构成和界限、每个岗位都有哪些员工在负责，以及每一个员工所服从的领导和他指挥的下属等。韦伯认为，任何组织必须以某种权力作为基础，否则就不会有组织中的秩序。他提出理性和合法的权力、传统的权力、神授的权力三种形式。他提出了理想的科层组织结构体系，这种组织结构分为最高决策层、中间管理层、基层作业三层，层次分明，职责清楚。

当然，企业的组织架构不是凭空设计出来的，而是随着企业的成长，分工越来越细，逐渐形成和完善的，不断完善组织结构有益于企业的发展。邢以群、吴韵儿（2012）认为，企业在从小到大的发展过程中，其组织结构经历了专门化、规范化、集权化三个维度的具体变化。Hall（1963）认为，组织结构至少包含六大维度：等级制度、基于功能的劳动分工、规章职责、工作程序、人际关系和

---

① ［法］法约尔：《工业管理与一般管理》，周安华等译，中国社会科学出版社 1982 年版，第 62 页。

基于技术能力的选拔晋升。罗宾斯（1997）认为，组织结构包括复杂化、正规化和集权化三个维度。Hunter（2002）采用了集权化、正式化、沟通三个维度对组织结构进行描述。Thain 认为，一个企业从小到大、从简单到复杂，其组织结构需要经历单一结构个人一手包办、建立专业职能结构和建立总部及分权各部门三个阶段。

企业的成长和快速发展离不开适合企业发展的组织架构和规章制度，随着餐饮企业的发展，内部的分工越来越细，组织架构起到了分工协作的作用。因此，组织结构的作用正是通过对任务的分工和协作来确保任务顺利有效地完成。其中，任务的分工涉及工作专门化、部门化和正规化即组织结构的要素部分；任务的协作涉及管理层级、管理幅度和集分权等因素即组织结构的关系部分。事实上，制度建设是企业生存和发展的保证，是影响企业成长的关键因素之一。

三 文化层之整合：文化因素

对于企业文化的研究，管理学大师彼得·德鲁克则认为，企业管理不仅是一门学科，还应是一种文化，即有它自己的价值观、信仰、工具和语言的一种文化。[1] 文化层主要是指企业家的信念、企业的核心理念和员工职业精神等，这些理论能增加员工工作的主动性、向心力和凝聚力，通过营造良好的工作氛围，树立良好的企业品牌影响力，从而提高企业的社会声誉和合法性认可度，使其与顾客、员工、加盟商和各企业之间建立和培育信任的关系，信任是无形却有力的驱动力，是一只无形之手，促使和制约着企业的可持续发展。事实上，企业文化从企业诞生就已经出现，然后随着企业成长而不断发展，企业文化与企业自身的关系正如人的思想与人的身

---

[1] ［美］彼得·德鲁克《创新与企业家精神》，蔡文燕译，机械工业出版社 2011 年版。

体的关系一样。任何企业都有自己独特的企业文化，区别在于企业情况不同，其文化的优劣强弱也不同。泰伦斯·迪尔和爱伦·肯尼迪认为，企业文化是由五个因素组成的系统，其中价值观、英雄人物、习俗仪式和文化网络，是四个必要因素，而企业环境则是"形成文化唯一的而且又是最大的影响因素"。

世界上许多长寿企业都注重企业文化建设，特别是在团队协作精神、客户至上、平等对待员工和激励与创新方面。不断加强企业文化的培育与养成，确保了这些一流企业百年不衰。企业文化是企业立身于社会所必需的精神支柱，它不仅能够解释企业内部的运行情况；更重要的是它还向企业家、企业管理者以及企业的员工指出了什么是企业最紧要的问题。①

培育和建设好优秀的企业文化对于企业自身的发展具有不可估量的作用。企业文化不能使一个企业从失败走向成功，但能使一个企业从成功走向卓越。由于企业文化可以指导企业的经营哲学、价值观念，可以整合员工的核心思想，可以约束和完善企业的管理制度，尤其可以加强道德规范、强化团体意识，增强员工的凝聚力和向心力，激励员工追求自我实现和忘我工作，还可以协调员工之间、部门之间的关系，通过营造良好的环境氛围化解和疏导矛盾和冲突，从而发挥企业规章制度无法实现的功能。

对餐饮企业而言，我们所认同的企业文化就是对餐饮企业的发展起到保障、支撑、推动作用的一种精神力量，是一种思想上的保证、行动上的支撑，就是"管用""持久"的文化。其实质是，在长期经营活动中，企业家和员工共同促进餐饮企业健康成长过程中形成的规章制度、创新精神和伦理价值，通过企业家的创造精神与理性经营活动，将企业的经济效益与为社会创造财富、实现自己的

---

① 　陈亭楠：《现代企业文化》，企业管理出版社2003年版，第14—130页。

人生价值结合起来，使企业产生一种源源不断的原动力；通过激发员工的归属感、超越性的使命感和自为的职业精神，随着企业不断地成长，在企业活动中形成自己的核心理念，从而能降低企业执行力的交易费用，扩大企业的竞争能力和持续发展能力。因此，在探讨人与制度的关系，制度与文化的关系，以及人、制度和文化三者之间的关系时，通过对这些因素的研究可以解释企业的形成发展对企业成长的影响作用。在企业成长过程中，这三种维度在不同的发展阶段对企业成长的影响作用是不一样的。概括而言，在创业阶段，企业家能力起到了关键的作用，组织结构、企业文化等因素虽然也有潜在影响但处于次要地位；企业家能力主要体现在市场定位能力、敏锐的市场洞察力、培育核心领导团队的能力、创新能力、融资能力和战略规划能力等。在成长阶段，组织结构起到了关键的作用，而企业家能力和企业文化两个因素处于次要地位。组织结构（规章制度）主要体现在企业的管理上，不是以经验管理而是以制度管理与柔性管理为主。经验管理方式只适用于创业阶段，在企业成长和发展阶段企业需要建立相应的规章制度和组织架构，以制度管理为基础，辅以柔性管理。在成熟阶段，企业文化起到了关键的作用，而组织结构和企业家能力则处于次要地位。企业要想卓越发展，就必须建设企业文化，实施培养员工凝聚力的"塑心工程"，让员工从行为规范到身心合一方面都融入企业的发展中，统一员工的思想，实现企业创新性成长。在衰退和变革阶段，这三个因素之间的关系出现了某种滞后或僵化，不能有效地防止企业的衰退，企业就会面临两种选择，需要再次进行变革，进行"第二次"创业，新的"三维一体"模式出现。

第 三 章

中国餐饮业概述

改革开放 40 多年来，经济社会的发展影响并改变着人们的生活水平、生活方式，也改变着就餐方式，更多的人从家庭厨房中解放出来，选择外出就餐。工作餐、生活餐和商务应酬餐成了现代都市餐饮文化的新图式，并且这一场景还由城市向农村乡镇悄然传递。这种发展势头也催生了一大批以快餐为主的企业，吸引许多新的企业进入这一行业，使得餐饮行业出现了空前的繁荣。本章通过界定餐饮业及相关概念，明确了餐饮企业的发展历程和行业特征，以及现代餐饮业的发展现状和存在的问题，从而在社会变迁、经济结构调整与企业组织结构演变背景下，分析餐饮业的发展与面临的挑战。

第一节　餐饮行业定义及特征

一　餐饮业定义

自古"民以食为天"，饮食是人类最基本和最重要的需求之一，它伴随人类产生、发展的全过程。中国饮食文化源远流长，大约有 50 余万年的璀璨历史，并与法国烹饪、土耳其烹饪并称为世界三大风味流派。

　　餐饮业作为中国服务行业的重要支柱之一，一直受到企业界和学术界的关注。那么，什么是餐饮业？目前学界对于这一概念还没有统一的定义。最新的《国民经济行业分类》（GB/T 4754—2011）给出的定义是："餐饮业是指通过即时制作加工、商业销售和服务性劳动等，向消费者提供食品和消费场所及设施的服务。"[①] 1987年后，国家统计局将饮食业改为餐饮产业。这意味着餐饮不仅仅是对菜点进行烹调制作和对成品进行销售，它更注重可感知又可感观的物质产品，同时也注重消费者的心理愉悦体验，从而体现了经营者的生产劳动与消费者的欲求满足的结合。对此，中国烹饪协会对餐饮产业给出这样的界定："通过生产制作加工、商品销售和服务性劳动等手段，向消费者提供饮料、食品、菜肴、消费场所和设备设施的经营单位均属餐饮产业。"[②] 而国家统计局对餐饮产业的解释是"指专门从事食品烹饪、调制并直接出售给居民饮食的各种经济类型的法人企业、产业活动单位和个体"[③]。从国家统计局的定义可以看出，餐饮行业并不包括各机关、单位、高校对内营业的食堂，因为食堂基本都是满足内部需要，而不对社会公众开放。据此界定，本书所研究的餐饮业也将其排除在外。

　　参照以上对餐饮业的定义，本书这样对餐饮业进行界定：餐饮业是指从事烹饪产品加工和饮食品销售，提供饮食消费设施，供应顾客各种餐饮食品，具有生产、销售和服务三种社会职能的行业。

二　餐饮行业特征

　　由于产生的条件和历史背景特殊，目前，我国餐饮企业普遍存

---

①　《中华人民共和国国家标准公告》（2011 年第 5 号），国民经济行业分类（GB/T 4754—2011），2011 年 4 月，第 29 页。

②　中国烹饪协会，http：//www.ccas.com.cn/。

③　杜晓春：《云南省餐饮产业升级研究》，博士学位论文，云南财经大学，2011 年。

在着各种问题，严重影响了企业的发展，造成了企业经营困难，破产倒闭率居高不下。与国外餐饮企业相比，我国餐饮企业有以下特点。

（1）创办时间普遍较短，约一半的企业开办不超过五年。所以，多数餐饮企业处于资本原始积累阶段，资本规模偏小或缺乏资金，发展不稳定。在餐饮行业里，有相当一部分的餐饮企业存在着"小而全、小而杂"的问题，企业规模不大，但产品品种较多，缺乏标准化和规范化，这是我国餐饮企业面临的困境之一。

（2）人才问题。企业最大的资源就是人才，传统的餐饮产业由于入门门槛较低，造成一流的人才不往这个领域流通。不少老板自己经过艰苦创业，把企业做到一定程度后，很难通过自身的学习得到提高，努力建立起来的基业，由于缺乏人才、不能进行系统管理而全部崩溃。还有一部分餐厅的经理是厨师出身，在烹饪技术上过硬，却不懂经营，特别是那些老字号。目前虽然大学里设有餐饮烹饪专业，甚至还有专门的烹饪学校，但授课教材讲述的往往是一些目前中餐中较为成功的企业的案例，而并没有将餐饮业的经营管理纳入工商管理体系。中国目前还没有大牌的 CEO 来经营餐饮企业，另外中国餐饮业需要专心致志地把技术做深做透，克服浮躁心理。

（3）标准化难的问题。中式烹饪离不开炒锅，离不开厨师，标准化难度高，工业化生产的难度就更高了。运作模式是决定中国现代化餐饮业成败与否的一个关键因素。以前中国食品工业一直存在一个误区，食品工程师对于菜肴的研发与餐饮业是相脱离的，一直以商店、超市和军用物资为供应对象进行研发，使得大量菜品失去了原有的口味。工业化是一种运作手段，菜品的原料由工厂进行加工，由物流配送部门送到零售式餐饮门店；而标准化则是一种技术管理手段，不管是工业化餐饮还是中餐厅，都要进行标准化革命。

标准化还应渗透到传统中餐的每个环节，这是提升管理水平和技术标准的一个必要手段。

长期以来，中式快餐面临着如何做到"快"和"标准化"这两大难题。一方面，在中餐行业中，正餐领域的厨师就像艺术家，"大厨一跑，餐厅玩完"，做快餐就是要消灭大厨；另一方面，中式餐饮的正餐是兴师动众的厨房工程，环节多、标准难立，快餐则需要流程简单的供应链，越简单、错误率越低，速度越快。因此，中餐面临着巨大的研发阻力。

（4）供产销一体化特点突出。比如用现代化的餐饮模式开面馆，应将面馆视为零售店，开店的企业一心只考虑开店经营（选址、店面管理、服务培训和维护好自己的品牌等），而将产品的原料制作、机械供应和研发交给合作伙伴来完成，有钱大家赚，实现共赢。选址、开店、门店经营这三要素是单独的一门学问。

目前国内餐饮业并没有明确的分工，这是未来应该思考和解决的问题。在美国，分工明确、分工合作、讲求共赢是企业成功的秘诀。随着社会化大生产的发展，竞争日益激烈，分工合作是一种必然趋势，从多元化转向专业化，再从专业化入手做更深入的细分，这就是社会进步、经济发展的必由之路。在改革开放之初，很多中国商人是靠多元化发展起家的。但那个时代已一去不复返了，个体户式的企业不管生意做多大，其核心技术和市场均掌握在老板手中。这类商人不讲多元化，连二元化都是不可能的事。

（5）产品研发和创新不足。为什么很多中餐馆都是一阵风，企业在快速发展期顾及不到研发，产品不创新，顾客就会有吃腻的一天。况且餐饮品种可选择性很强，等完成好市场布局，开了很多家分店后，产品又落后了，顾此失彼。所以将餐饮业定位于零售业，使其更加专业化，并进入大行业，只有这样，才可以摆脱传统的作坊模式。因为传统的作坊模式在技术上受制于厨师，厨师走了或换了，餐厅都将面临灭顶之灾。与其这样，不如将研发交给合作伙伴，让合作伙伴担当起技术研发的任务。

（6）管理不足的问题。当企业进行大规模运作时，它就会面临管理跟不上和管理难度高的问题。如果经营者的思维意识一直摆脱不了传统经营观念的束缚，在管理上只凭借自己的经验积累，那么企业在销售额达到一定程度后就会面临问题，管理问题会导致销售额无法大幅度提高。企业在不断扩张门店的过程中，需要建立健全企业的管理制度，包括生产标准化流程，采购、物流配送流程，财务制度，人力资源管理制度，考核制度和奖惩制度等。企业在发展过程中都会面临发展瓶颈，"前重后轻、前紧后松"的经营模式，是未来大型中式菜馆的基本管理方法。所谓"前重后轻"，是指通过原料配送的工业化生产，调味品的工业化生产，在菜品制作之前完成工业化控制，这一段很重要，做好炒菜之前的各种准备，而炒菜本身设计得越简单越好。经过一个简单的培训，任何一个操作人员都可以炒出特级厨师的水平，也就是使炒菜本身更加容易。当中餐达到这一步的时候，自然会形成行业分工合作而进入零售业。而餐饮零售业的供应商不会太琐碎，并且与餐饮业能够保持紧密的合作关系，形成一荣俱荣、一损俱损的战略合作伙伴关系。

第二节　中国餐饮行业发展历程

改革开放以来，随着经济社会的快速发展，餐饮企业也获得了巨大的发展空间。餐饮业也被称为中国的黄金产业，拥有巨大的消费市场。在经济快速发展，人民收入水平不断提高，人们的生活节奏不断加快、社会交往更加频繁这样一个背景下，中国餐饮业发展迅猛，营业额一直保持强劲的增长势头（如图3-1所示）。

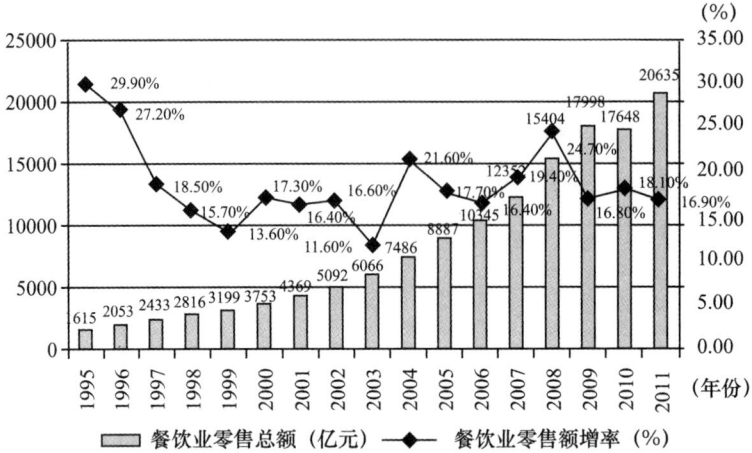

图 3 - 1 1995—2011 年餐饮产业营业额及增长速度变化

资料来源：国家统计局官网（www. stats. gov. cn/）。

就餐饮业自身发展历程而言，按照从诞生到成熟的过程来划分，可以分为这样几个阶段：改革开放起步、数量型扩张、规模连锁发展和品牌提升战略四个阶段。

一 起步阶段（20 世纪 70 年代末至 80 年代）

在 20 世纪 70 年代末 80 年代初，中国社会的最大特征是双重转型：一是以工业化和城市化为主要表征的现代化转型；二是从单一的计划经济体制向计划与市场相结合的社会主义市场经济体制转变。在这一背景下，企业之间的关系转变逐步打破职工与企业、企业与国家之间分配的"大锅饭"格局，从而形成了商品交换关系。

中国社会变迁的内在动机在于突破原有计划经济体制的束缚，按照市场经济体制配置社会资源。在这一过程中，国家体制、方针、政策发挥着推进改革的主导作用，政府机构仍然掌握着市场交易权和行政权力，政策指导和行政干预仍然发挥着重要作用。在计划经济体制向市场经济体制转轨时期，餐饮企业的发展充满了传奇色彩，一批新型现代餐饮企业也逐渐萌芽，创业者只有充分利用各种政策红利，运用一切可以利用的资源，才能生存下来，并慢慢壮大。

最早发展起来的第一代餐饮企业具有很强的时代特性。20 世纪 80 年代初，在粉碎"四人帮"后，"文革"时期约 1400 多万上山下乡的知青离开农村回到城市。这股知青返城大潮给所在城市带来了巨大的就业压力，"待业青年"就是诞生于那时的一个新词汇。允许个体劳动者自谋职业，成为缓解就业压力的现实渠道。1979 年 2 月，国家工商局的工作报告指出，各地可以根据当地市场需要，在取得有关业务主管部门同意后，批准一些有正式户口的闲散劳动力从事修理、服务和手工业等个体劳动，但不允许雇工。这是"文革"之后，党中央、国务院批准的首个允许个体经营的报告。20 世纪七八十年代，我国餐饮业在政策上率先放开，各种经济成分共同投入中国餐饮市场，使餐饮行业发展取得了新进展，个体私营饭店开始萌芽，在当时缺乏大型餐饮企业的背景下，诸多国营餐饮企业以"行业寡头"的身份，掘得了市场第一桶金。

这个阶段的餐饮企业并没有获得国家制度层面上的完全承认，但在限制与默许的政策交替中，在那些私营、民营企业主和个体工商户身上表现出浓厚的转型期的时代特征：所受教育程度不高；胆子大，善于"投机"；多从个体户开始创业；在社会变革的缝隙中寻求商机；企业规模小，多以夫妻店形式经营。

但是，中国庞大的人口基数所带来的巨大市场被国际公司所认知，对外政策的松动让国际餐饮企业共同瞄准了中国这块蛋糕。在国际餐饮企业的领导者看来，中国市场简直就是一个裸露的、尚未开发的富矿。1986 年，肯德基率先实施中国市场的开拓计划。随着肯德基对中国市场的开拓，麦当劳等洋品牌也涌入中国。改革开放之后的十年间，民营、国有、外资三种性质的企业齐聚中国餐饮业版图。在这一过程中，众多企业破壳而出，登上了中国餐饮行业领导者的位置，引领着中国餐饮业的发展方向。

二　快速发展阶段（20 世纪 90 年代初）

1992 年邓小平发表南方讲话以后，经济制度转型已经深刻地触及原有体制。这一时期的社会大环境是从计划经济转向市场经济，大量的商品转由市场定价，价格体系开始理顺，各种市场得以初步建立和形成。20 世纪 90 年代初是中国餐饮业的数量扩张阶段，由于传统计划经济模式受到冲击，中国餐饮产业在政策上率先放开，使得各种经济成分共同涌入，市场不断繁荣，餐饮行业发展取得新的突破和发展。

1988 年，贾国龙第一个在内蒙古开起了海鲜酒楼，生意极其火爆。经过 11 年的沉淀与积累，1999 年他开始将生意扩张到北京，正式成立了北京西贝餐饮管理有限公司，他还希望将生意拓展到全国。在 1994 年迫于生活的压力，"海底捞"的张勇走上了经营餐饮的道路。终于入对了行的张勇，在餐饮业一做就是 17 年。如今，他创办的"海底捞"由于备受顾客的喜爱和推崇，被网友戏称为"地球人已经阻挡不了"的企业。

1989 年，麦当劳进入中国市场考察。与竞争对手肯德基一样，仅用了一年时间，1990 年麦当劳就在深圳开设了中国第一家门店。虽然麦当劳比肯德基晚一步进入中国市场，但其在全球市场有着比肯德基更广泛的声誉。麦当劳门店的开业给中国餐饮业带来了一系列冲击。从麦当劳的开店选址、门店管理、特许加盟、人员管理等方面，中国餐饮的弄潮儿看到了现代连锁业和特许加盟业的广阔发展前景。麦当劳在全球市场的扩张基础在于严格而科学的内部流程控制和食品安全把控，这引起我国现代餐饮业的第一批从业者的关注、反思、学习。

在肯德基、麦当劳先后进入中国市场之际，港台餐饮企业在大陆兴起，这是中国现代餐饮业肇始的一个重要特点，也影响了日后中国现代餐饮的行业格局。永和豆浆、永和大王、合兴餐饮、呷哺呷哺、一茶一坐、王品集团、仙踪林等港台餐饮企业纷纷涌入大陆市场淘金。它们与肯德基、麦当劳等的竞争，搅动了中国现代餐饮业的一摊静水。从20世纪80年代末开始，民间资本推动了国内餐饮业的蓬勃发展，快餐、小吃、正餐、西餐、火锅等特色餐饮百花齐放，给国资控制的餐饮业巨头带来了挑战与机遇。伴随现代餐饮业的萌芽和发展，以及外资品牌的进入和民营企业的崛起，国有资本控制下的餐饮企业也逐步成长壮大。

三　规模连锁发展阶段（20世纪90年代中期至20世纪末）

20世纪90年代中期，这一阶段的主要特点是餐饮企业连锁经营推进速度明显加快。20世纪90年代中后期到20世纪末，对于现代餐饮业而言堪称草莽发展的时代。如何在激烈的竞争中存活下去，成为现代餐饮业中刚刚成长起来的企业必须面对和解决的问题。在这一过程中，较早进入中国市场的麦当劳等企业充当了老师和先行者的角色。

自1990年在中国开设第一家门店到1999年，不足十年间，麦当劳在中国的门店数已经达到了370家。在与麦当劳这类外资企业的激烈竞争中，我国民营餐饮企业处于天然的劣势。因而，麦当劳的经营管理模式受到越来越多的关注，被广泛学习和借鉴。麦当劳所体现出的现代连锁模式，让国内众多本土餐饮企业受益匪浅。经过不懈的努力与探索，全聚德在1994年制定出第一本国内餐饮行业的现代连锁手册。

1997 年，中国连锁经营协会成立。众多现代连锁业的经验和成果，得以通过协会在国内全行业中传播。另外，企业间的定期交流也使得本土经验能够在全行业快速传播。对餐饮业而言，最重要的是特许经营这一方法论。所谓特许经营，是指由特许经营者向转让者支付一定的转让费而获得专利、商标、产品配方或其他任何有价值的方法的使用权，转让者不控制战略和生产决策，也不参与特许经营者的利润分配。[①]

当时中国对外开放的程度还不高，外资在中国的投资风险较大，且中国地域文化多种多样，所以特许经营成为进入中国市场的首选。特许经营的另一个好处是授权方拥有品牌，可以在投资很少的情况下确保稳定的收入，对自己的发展产生很强的杠杆作用。特许经营的众多优势为民营和港资台资企业所看好，民营企业缺乏外部的资金支持，港资台资企业受到一定政策限制，特许经营的商业模式可以有效克服资金及政策局限，因而诸多企业选择了这种先进的发展模式。20 世纪 80 年代肇始，伴随改革开放的不断深化，国内众多餐饮企业迎来了黄金发展期。在这一过程中，加盟连锁、特许经营等现代经营模式的引进，则成为国内餐饮业发展的加速器。

20 世纪 90 年代以前，我国餐饮企业主要是单店经营，随着外资餐饮企业的进入，连锁经营这种最具活力的经营模式开始广泛应用于中国，餐饮企业也开始从单店走向连锁，规模不断扩大，产业集中度也逐年提高。

四 品牌提升阶段（21 世纪至今）

随着城市化、工业化、全球化的不断推进，在中国，物质匮乏

---

① 祝艺凌：《肯德基在中国发展的战略研究》，《中国证券期货》2011 年第 3 期。

时代向物质丰裕的消费时代逐步转型，人们对于饮食的需求不仅是吃饭的问题，开始更多强调消费文化、消费符号。进入 21 世纪，我国餐饮业发展进入品牌提升战略阶段，并开始步入成熟阶段，增长势头强劲，整体水平提升。一批知名的餐饮企业在扩张发展的同时，更加注重内涵文化建设，培育提升企业品牌，综合水平和发展质量不断提高，并开始向外输出品牌与经营管理，品牌创新和连锁经营力度增强，现代餐饮发展步伐加快。

根据中国烹饪协会统计，2010 年我国餐饮百强企业营业总额为1395.84 亿元，同比增长 11.69%，占全年社会餐饮收入的 7.91%。[①]在通胀压力下，2010 年餐饮行业的经营成本上升，行业利润下降，餐饮百强企业营业额增速明显放缓。[②]然而，我国餐饮企业的规模进一步扩张，前 100 位企业的进入门槛由营业额 2.95 亿元提升到3.77 亿元，增幅达 27.81%。从经营业态来看，百强企业日益向成熟业态聚集，发展更加理性。餐馆酒楼、快餐、送餐以及火锅类企业，依然是百强榜单中的主力军，占据 84 个席位，比 2009 年度多了 4 个席位。前 10 强涵盖了除西餐外的所有业态，火锅类企业依然是前 10 强企业中的佼佼者，占据 4 席，紧随其后的是餐馆酒楼和快餐。从经营模式来看，餐饮企业越来越理性。百强企业各业态的直营占比显示，相较于 2009 年，三大主流业态的直营占比都有不同程度的提高。[③]

目前，中国饭店协会根据国外的情况，在国内推行了"绿色饭店"，绿色餐饮油然而生，并将成为未来餐饮业发展的趋势。此外餐饮管理组织结构小型化、扁平化，餐饮业的科学化等也是 21 世纪餐饮业的发展趋势。市场风云变幻，餐饮业要持续稳定地发展，

---

① 杨柳：《2010 年中国餐饮百强经营情况分析报告》，《商场现代化》2011 年第 8 期。
② 林华：《2010 年中国餐饮百强分析》，《中国食品》2011 年第 7 期。
③ 林华：《2010 年中国餐饮百强分析》，《中国食品》2011 年第 7 期。

还需要我们业内人士的共同努力，及时总结经验教训，把自己的企业做大做强，把餐饮企业向规范化和现代化的方向推进，使我国的餐饮业取得更大的发展，迎来更加美好的明天。

随着互联网的发展，网络团购这一新兴的营销模式出现，并在餐饮行业中火爆起来。

与此同时，餐厅的信息化水平得到快速发展，从电子菜单、电子点餐到数据统计、分析，逐步实现电子信息化管理。网上营销等电子商务如今也成为餐饮业很流行的一种销售方式，有效解决了成本问题，同时大大提高了传统菜品的出品速度，中小餐厅也引入数字化的科技产品来辅助运营。餐饮新兴消费人群"80后""90后"甚至"00后"已成为2011年流行餐饮的最大目标，餐饮企业在餐饮经营业态上会更加注重这一群体的需求和生活习惯，网络、手机、互联网、微信等代表时尚、科技的元素，已成为现有餐饮业营销推广宣传的主打方向。

当时中国的餐饮企业远非今天这样的规模和业绩，但限制餐饮企业发展的瓶颈却并不比现在少，餐饮企业发展虽然成为第三产业的支柱之一，但也面临更加复杂的问题。改革开放40多年来，餐饮企业的发展一直与国家宏观政策和消费者的饮食偏好密切相关。而餐饮企业的自身发展，也逐渐表现出与国外品牌餐饮企业或餐饮巨头逐渐缩小差距的趋势，但餐饮企业成长中的问题并没有减少。党的十八大以来，餐饮行业发生了很大变化，在宏观环境影响下，变化明显且快速，企业盈利的下行压力很大，遇到了发展的瓶颈。餐饮企业作为服务业的重要组成部分，很容易受到政策环境、经济环境和社会环境变化的影响。如何适应经济发展新常态带来的新变化，以及适应大众化餐饮和网络数字化带来的新趋势，打破餐饮高端定位的误区，敏锐地捕捉新的商机和市场变化带来的机遇，走大众化、智能化的发展道路，就成为许多餐饮企业管理者必须要考虑的问题。

在经历 2013 年的发展低谷之后，2014 年餐饮企业的市场出现了回暖，特别值得一提的是 5 月商务部出台的《加快发展大众化餐饮的指导意见》，提出大众化餐饮占比要提高到 85%，充分显示了政府对促进餐饮业发展的重视。同年 11 月，《餐饮业经营管理办法（试行）》发布实施，反映了政府在政策导向上对餐饮业的重视。这些政策的实施，对餐饮行业的商业模式、管理方式、组织方式等都产生了巨大影响，特别是在食品安全、营改增、标准工时、消费争议、环保排放等方面，都有不同程度的改进和变化。与此同时，餐饮服务的个性化、大众化和多元化成为市场需求的新特点。

《2015 中国餐饮业年度报告》显示，快餐市场中食品外卖销售额占比高达 25%；西餐则主要依靠酒水饮料营收，食品占比仅7%。随着移动互联网的高速发展，商家纷纷增强"互联网＋"发展思维，与餐饮团购有关的 App 层出不穷，如"大众点评""美团外卖"，在 2015 年 5 月平均每周下载量达到 23 万次及 8 万次，远超其他应用软件。[①] 在消费型城市崛起的背景下，餐饮成为城市日益重要的服务职能之一。互联网与传统行业相融合，构成了"互联网＋"的新业态，而餐饮业则与互联网在中国源远流长的饮食文化作用下快速融合，推动了"网红餐厅"的出现和迅速发展，成为城市消费生活的潮流与热点。就网络影响下产生的网红餐饮店而言，网络没能使餐饮业摆脱地理距离的束缚，也没有削弱传统区位条件对餐饮店的集聚力；与网络外卖、网络团购餐饮等空间结合，网络带来的是餐饮业空间的进一步分级和分工。[②] 从统计结果来看，

①　朱海静：《我国餐饮业 O2O 运营模式及存在问题研究》，《商业经济研究》2015 年第32 期。

②　方怡青：《上海市网红餐饮店的空间特征研究》，华东师范大学，硕士学位论文，2019 年。

2015 年度餐饮企业经营指标主要发生了以下变化，直接影响到餐饮企业的发展：（1）高档消费不断缩减，大众消费增长迅猛；（2）小门店趋势进一步明显；（3）大众餐饮、创新业态盈利能力较强；（4）成本增长压力持续走强。[①]

2016 年，随着消费对经济增长的贡献率进一步提升，我国餐饮行业持续发展。商务部的数据显示，2016 年 1—10 月，我国餐饮收入达到 29105 亿元，同比增长 10.9%，高于同期社会消费品零售总额增幅。[②] 餐饮企业的大众化趋势更加明显，线上餐饮高速增长，外卖对餐饮盈利的贡献率不断增强，外卖平台的问题逐渐凸显，食品安全需要继续严格监管。

与传统餐饮业的营销模式不同，餐饮业与互联网结合形成的 O2O 模式已是大势所趋，从最初的推广营销、外卖外送、团购促销、点餐支付，到自建微信公众号或 App 提供服务，进行关系维护，智能化商业时代的线上线下营销极大改变了餐饮行业的发展模式，发挥产品和服务在线上更大范围传播的作用，开展精准营销，同时，不断提升线下消费者在参与感、价值感方面的认可，基于 O2O 模式的优化消费体验在餐饮企业的数字化营销中逐渐走到前台，实现了餐饮企业发展的双赢。

总之，新时代中国餐饮业的品牌化、大众化和经营方式的网络化走向，在不断满足消费者日益增长的美好生活需求的过程中，通过消费升级，拥抱数字经济，扎根中华民族文化等方式，由本土开始走向全球，打造中华餐饮品牌，服务全球消费者，勇于承担社会责任，在新时代的新征程中实现可持续发展。

---

① 中国饭店协会：《2016 年中国餐饮业年度报告》，《中国连锁》2016 年第 11 期。
② 中商联专家工作委员会：《2017 年中国商业十大热点展望之六——生活服务业稳步增长，餐饮业大众化转型趋向成熟，服务型消费成为商业蓝海》，《商业经济研究》2017 年第 7 期。

第三节　我国餐饮业发展的现状及主要挑战

一　我国餐饮业发展的现状分析

自改革开放以来，我国餐饮业一直处于不断发展的过程中，餐饮业的战略地位和对国民经济的促进作用也进一步提升，在促进我国经济发展、拉动消费内需、缓解就业压力方面起到了重要作用。目前餐饮业作为第三产业受到国家的重视，国家已把餐饮业的发展视为国民经济发展的重要推动力之一。

（一）从经济发展的战略分析

我国宏观经济工作重点在"十一五"期间出现重大调整，扩大内需、刺激消费在国际金融危机后成为政策重点；国家"十二五"规划和中央经济工作会议都把扩大内需作为未来中国经济增长的主要动力，通过发挥消费拉动经济增长的作用，解决经济增长动力不足、结构不合理的问题。其中"十二五"规划提出，"要加快形成消费、投资、出口协调拉动经济增长的新局面"，首次将"消费"放在"投资"之前，这些均构成支撑消费发展的长期政策利好。国家统计局数据显示，2010 年，中国餐饮业继续成长壮大，连续 20 年保持两位数的高速增长。全年餐饮零售额达 17648 亿元，增长 18.1%，占社会消费品零售总额的 11.24%，对社会消费品零售总额增长的贡献率为 11.1%，拉动社会消费品零售总额增长 2 个百分点，拉动作用明显。我国餐饮业在良好的经济环境下，保持着平稳快速增长的态势，餐饮消费持续成为消费品市场的一大亮点。中国餐饮业在"保增长、扩内需、促发展"的大背景下，总体规模日益扩大，在国民经济中的地位和作用明显提升和加强，如图 3－2 所示。

从我国 GDP 增长概况来看，1999—2010 年，我国 GDP 年平均增长率达 7.57%。从 GDP 的规模来看，1999 年我国 GDP 为 89677.05 亿元，2010 年末 GDP 达到 401202.03 亿元，增长了 4.47 倍。我国 GDP 一直保持高速增长态势，除 2000 年、2002 年、2009 年由于受经济危机等因素的影响，GDP 的增长率不到 10% 外，其他年份的增长率都超过 10%。2007 年，受世博会影响，我国 GDP 增长率达 22.88%。[①]

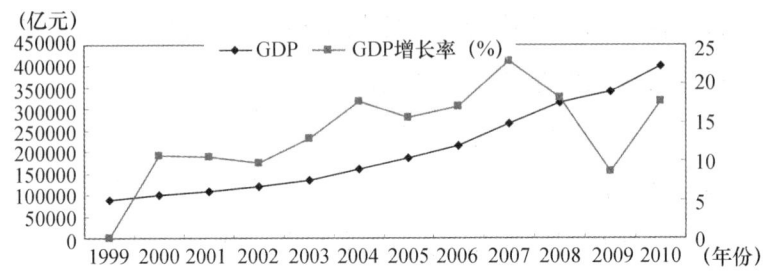

图 3 - 2　1999—2010 年我国 GDP 增长情况

资料来源：1999—2010 年《中国统计年鉴》，国家统计局官网（www. stats. gov. cn/）。

（二）从三产所占比重分析

1978 年 12 月，中国共产党召开了十一届三中全会，在战略决策方面做出了以经济建设为中心的重大决定，使中国经济进入一个崭新的历史时期。1984 年，中央提出大力发展服务业的方针，1991 年作出加快发展服务业的重要决策，中国服务业得到全面快速的发展，在国民经济中的地位越来越重要。[②] 服务业是国民经济的重要组成部分，服务业的发展水平是衡量现代社会经济发达程度的重要标志。改革开放以来，经济结构调整一直是我国经济政策安排的一个要点，调整第一、第二、第三产业的比例，提升服务业

---

① 黄堃：《快餐业市场研究及肯德基品牌战略对我国的启示》，博士学位论文，天津大学，2011 年。

② 杨柳：《中国餐饮产业竞争力研究》，博士学位论文，北京交通大学，2008 年。

尤其是现代服务业的比例，发展服务经济是我国经济发展的一个重要方向。[①]

从三大产业的结构比例来看，1999—2010年我国第三产业在经济中的平均比重为41.06%，第一产业在经济中的平均比重为12.6%，第二产业在经济中的平均比重为46.4%。2010年第三产业比例为43.14%，第一产业比例为10.10%，第二产业比例为46.75%。因此，我国以第二产业和第三产业为主。

从图3-3可以看出，1999—2010年第一产业所占比例保持低位并且逐步降低。总体来说，1999—2010年，虽然部分年份第二产业有所上升而第三产业有所下降，但总体趋势则是第二产业所占比例略有下降，而第三产业所占比例不断上升。

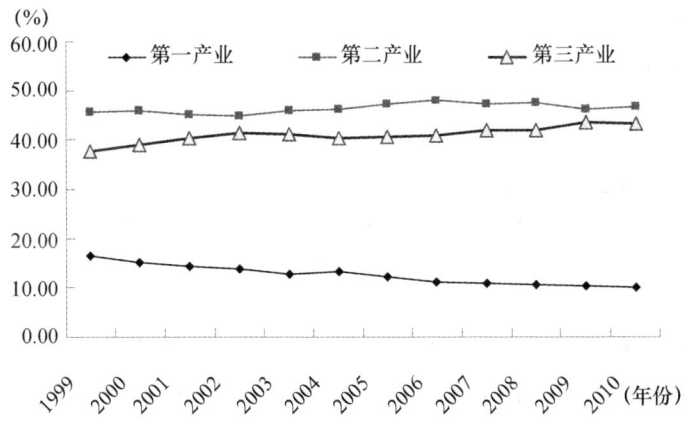

图3-3　1999—2010年我国第三产业比例

资料来源：1999—2010年《中国统计年鉴》，国家统计局官网（www.stats.gov.cn/）。

加快发展服务业，提高服务业在三大产业结构中的比重，尽快使服务业成为国民经济的主导产业，推进经济结构调整，加快转变

---

① 资料来源：1999—2010年《中国统计年鉴》，国家统计局官网（www.stats.gov.cn/）。

经济增长方式，一直是经济政策安排的一个导向。作为服务业重要组成部分的餐饮产业对经济结构调整具有积极的影响，餐饮产业是满足人们生活需要、拉动消费需求、促进经济发展的基础，更承载着劳动力向服务业转移的重要使命，大力促进餐饮产业发展是调整经济结构的重要途径。如图3－4所示，我国第三产业对GDP的贡献率逐渐提升。

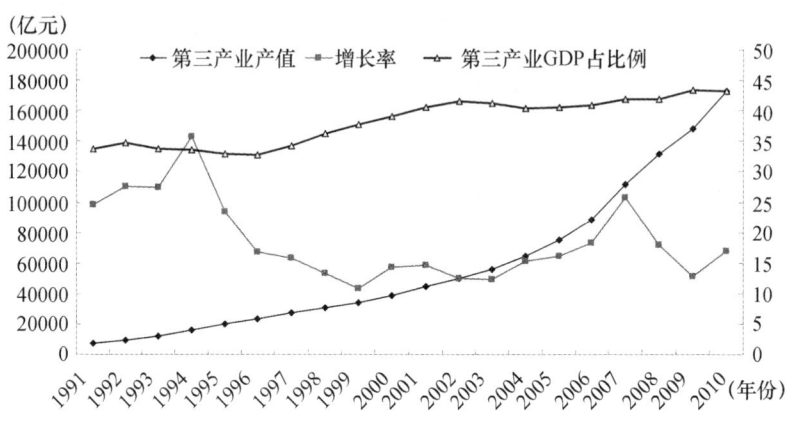

图3－4 1991—2010年我国第三产业对GDP的贡献率

资料来源：1999—2010年《中国统计年鉴》，国家统计局官网（www.stats.gov.cn／）。

1991—2010年，我国第三产业增长率为18.6%，并且有些年份第三产业增长率超过20%。从第三产业增加值的规模看，从1991年7337亿元增长到2010年的173087亿元，增长了23.59倍。1991—2010年我国第三产业占GDP平均比例为38.2%。因此，从增长速度和增长量上看，二十年来我国第三产业发展极快且在我国的经济结构中占有相当重要的地位。

（三）从拉动经济增长的现状分析

20世纪90年代中期以来，中国结束了长达50年的短缺经济时代，进入了一个相对过剩的经济时代。餐饮业是重要的服务业，直接关系到人民的生命健康和生活水平。科学发展餐饮业，对提高人民生活质量、扩大市场消费、拉动经济增长、增加社会就业、促进社会和谐等具有十分重要的作用。餐饮行业始终是中国社会消费品零售的中坚力量，根据图3-5所示，从1995—2011年餐饮产业营业额及增长速度变化来看，2011年全年实现销售收入2万亿元，占全社会消费品零售总额的11.3%。2011年商务部发布的《"十二五"期间促进餐饮业科学发展的指导意见》指出，力争在"十二五"期间，餐饮业保持年均16%的增长速度，到2015年零售额突破3.7万亿元，并培育一批特色突出、营业额超过10亿元的餐饮企业集团。

餐饮产业作为服务业中的一个重要产业，改革开放后取得了突飞猛进的发展。多年来，住宿餐饮业零售额增幅一般都高于社会消费品零售额的增幅，而且两者的差距平均保持在2—3个百分点，但自2009年以后，两者增幅差距日益缩小，2010年和2011年的餐饮业增幅还是略低于社会消费品零售总额增幅。如图3-5所示。

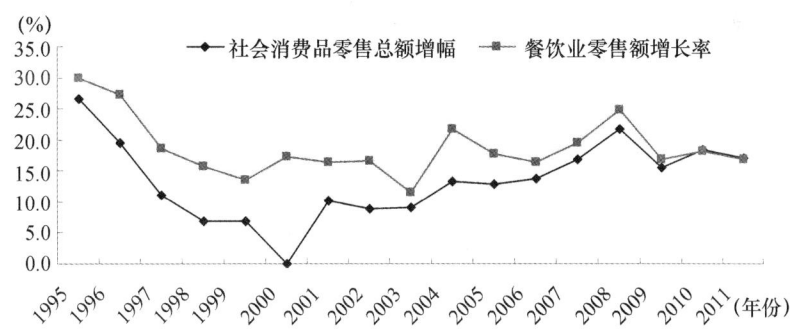

图3-5　1995—2011年餐饮产业营业额及增长速度变化

资料来源：国家统计局官网（www. stats. gov. cn/）。

根据国家统计局发布的数据，"1994年突破1000亿到1996年突破3000亿，2001年突破了4000亿，2002年又突破了5000亿，到2005年突破了8000亿大关，中国餐饮市场在不断创造新高。

2011 年中国餐饮业实现餐饮收入 20635 亿元,同比增长 16.9%,拉动消费品零售总额增长了 1.9 个百分点,餐饮企业已经成为推动我国经济增长的主要力量之一"[①]。

（四）从扩大社会就业比重分析

我国人口众多,总数近 14 亿。每年新增劳动力就达 1000 万人以上,就业压力巨大。近年来,我国经济增长的速度虽然很快,但大中型企业吸纳就业的能力非常有限,反而是服务业吸纳了大多数劳动力就业。所以,服务业是国民经济的重要组成部分,服务业的发展水平是衡量现代社会经济发达程度的重要标志。近年来,我国服务业的增加值和就业比重有所提高,上升速度逐渐加快,如表 3-1 所示,1999 年,第三产业占 GDP 的比重为 37.77%,第三产业的就业占比为 26.9%,到 2010 年第三产业占 GDP 的比重为 43.14%,增长了 5.37 个百分点,而就业比重从 26.9% 增长到 34.6%,增长了 7.7 个百分点。

表 3-1　　　　　中国三次产业结构就业比重状况（%）

年份	第一产业		第二产业		第三产业	
	占 GDP 比重	就业比重	占 GDP 比重	就业比重	占 GDP 比重	就业比重
1999	16.47	50.1	45.76	23	37.77	26.9
2000	15.06	50	45.92	22.5	39.02	27.5
2001	14.39	50	45.15	22.3	40.46	27.7
2002	13.74	50	44.79	21.4	41.47	28.6
2003	12.8	49.1	45.97	21.6	41.23	29.3
2004	13.39	46.9	46.23	22.5	40.38	30.6
2005	12.12	44.8	47.37	23.8	40.51	31.4
2006	11.11	42.6	47.95	25.2	40.94	32.2

① 国家统计局:1999—2010 年《中国统计年鉴》,国家统计局官网（http://www. stats. gov. cn/）。

年份	第一产业		第二产业		第三产业	
	占 GDP 比重	就业比重	占 GDP 比重	就业比重	占 GDP 比重	就业比重
2007	10.77	40.8	47.34	26.8	41.89	32.4
2008	10.73	39.6	47.45	27.2	41.82	33.2
2009	10.33	38.1	46.24	27.8	43.43	34.1
2010	10.1	36.7	46.75	28.7	43.14	34.6

资料来源：国家统计局官网（www.stats.gov.cn/）。

　　截至 2003 年底，餐饮产业营业网点近 400 万个，其中外资企业 0.41 万个、内资企业 11 万个、私营企业 2.23 万个、个体企业 365.63 万个，从业人员 113.2 万人左右。到 2010 年底，餐饮产业营业网点近 1571.3 万个，从业人员 220.3 万人。其中外资企业 447 个，从业人员 34.1 万人；港、澳、台商投资企业 568 个，就业人员约 1.39 万人；内资企业 1.47 万个，从业人员 172.3 万人；私营企业 0.625 万个，从业人员 211.2 万人。经过了八年时间，餐饮产业就业人数从 2003 年 113.2 万人达到了 220.3 万人。其中，2005 年企业营业网点有 1.9 万家，从业人员为 134.4 万人，2006 年营业网点为 2.2 万个，从业人员为 148.9 万人，2007 年营业网点为 2.5 万个，从业人员为 167.4 万人，2008 年经营网点 3.7 万个，从业人员为 200 万人，2009 年营业网点为 3.5 万个，从业人员为 200.6 万人，2010 年营业网点为 3.7 万个，从业人员为 220.3 万人。

　　从餐饮业法人单位数构成分析，由表 3 - 2 可知，截至 2010 年底，限额以上餐饮业企业共有 21595 家，比去年增加了 4.36%，而 2009 年底，限额以上餐饮业企业共有 20694 家，比 2008 年减少了 8.12%。所以，餐饮企业对缓解我国就业压力和维护社会稳定起到了十分重要的作用。

　　（五）从餐饮企业类型分析

　　从餐饮企业类型来看，2012 年正餐服务业法人为 21924 个，比

2008 年多了 1026 个，说明正餐业的主导地位没有动摇，快餐和其他餐饮则略有增加。与 2008 年相比，2012 年餐饮企业法人数有所增加。从登记注册类型上来看，与 2008 年相比，内资企业数目也有所增加，由 21250 个增加到 22200 个，增加了 4.47%，港、澳、台商投资企业数目也有所增加，而外商投资企业数目有所下降。如表 3-2 所示。

表 3-2　　　　　　　　　限额以上餐饮业法人单位数基本情况

分类	2008 年法人单位数（个）	2009 年法人单位数（个）	2010 年法人单位数（个）	2011 年法人单位数（个）	2012 年法人单位数（个）
餐饮业合计	22523	20694	21595	22496	23390
国民经济行业					
正餐服务业	20898	19282	20106	20921	21924
快餐服务业	837	765	764	799	837
饮料及冷饮服务业	202	165	170	186	188
其他餐饮服务业	586	482	555	590	441
登记注册类型					
内资企业	21250	19507	20395	21235	22200
港、澳、台商投资企业	579	587	611	642	619
外商投资企业	694	600	589	619	571

数据来源：根据《中国统计年鉴 2013》整理计算，国家统计局官网（www. stats. gov. cn/）。

（六）不同餐饮企业的生命周期

餐饮企业进入可持续发展阶段。整个餐饮产业组织显示出"三小三大"的新特征[①]：小店面大后台、小产品大市场、小群体大众化。

进入 2019 年，餐饮行业有了新发展。根据中国烹饪协会的统

---

① 姜俊贤：《2014 年度中国餐饮市场分析和 2015 前景预测报告》，《食品工业科技》2015 年第 7 期。

计数据，2018 年全国共有 800 多万家餐饮商户，其中有 465.4 万家餐饮企业①，全国餐饮收入达到 42716 亿元，首次超过 4 万亿元，同比增长 9.5%，餐饮收入占我国社会消费品零售总额的比重持续提高，由上年的 10.8% 上升为 11.2%。② 与此前的餐饮企业发展特点相比，餐饮企业表现出一些新的发展特征。

据美团研究院对我国餐饮商户开展的问卷调查显示，"连锁化和集中化程度低；市场竞争激烈；超过一半的餐饮商户经营者有扩张计划，创业活跃"③ 成为餐饮企业发展的新特点（如表 3 - 3 所示）。同时，调查结果还显示，我国餐饮企业的传统痛点"三高"（房租水平高、原材料成本高、人力成本高）依然存在，对互联网平台利用不够充分成为新问题，在移动互联网蓬勃发展的时代背景下，充分利用互联网平台，适应外卖新业态的发展，改善我国餐饮企业的数字化水平和经营状况，成为餐饮企业数字化升级和创新发展的新方向。

此外，不同餐饮企业在不同生命周期也面临着一些经营方面的新问题，形成了新痛点，影响到餐饮企业的后续健康发展。

表 3 - 3　　不同生命周期的餐饮商户的经营问题（痛点）排名④

	半年以下	半年—1 年	1—2 年	2—3 年	3—5 年	5 年以上	总体
原材料价格上涨	2	1	1	1	1	1	1
房租水平高	3	2	2	2	2	2	2

① 林丽鹏、李玉楼：《40 年舌尖上的改变：餐饮业市场规模增长超 700 倍》，《人民日报》2018 年 12 月。

② 国家统计局：《2018 年国民经济和社会发展统计公报》，国家统计局官网（http://www.stats.gov.cn／），访问日期：2019 - 02 - 28。

③ 来有为、刘欣：《2019 年中国餐饮商户发展报告》，《发展研究》2019 年第 8 期。

④ 来有为、刘欣：《2019 年中国餐饮商户发展报告》，《发展研究》2019 年第 8 期。

续表

	半年以下	半年—1年	1—2年	2—3年	3—5年	5年以上	总体
获客能力不足	1	3	3	4	4	4	3
服务人员难招、难留、费用高	8	6	4	3	3	3	4
对美团点评等互联网餐饮服务平台利用不够	4	5	6	5	5	5	5
营销投入不足，手段单一	5	4	5	6	6	6	6
顾客的需求很难把握	6	7	7	7	7	7	7
经营资金紧张	7	8	8	8	9	9	8
菜品及菜单规划设计	9	9	9	9	8	8	9
未来连锁空间不足	11	10	10	10	10	10	10
基础设施购买与使用	10	11	11	11	11	11	11
食品安全	12	12	12	12	12	12	12

数据来源：美团研究院。

注：表中数字1—12代表餐饮商户经营痛点的排名次序，1代表程度最重，12代表程度最轻。

二　餐饮业发展面临的主要挑战

进入21世纪，我国餐饮企业面临着新的复杂形势和许多严重的挑战。尽管中国饮食文化和餐饮业有着悠久的历史和庞大的市场消费潜力，但是中国餐饮行业的发展却不是一个令人轻松的话题。尤其自2008年国际金融危机以来，中国餐饮企业开始感受并经历着转型的阵痛，需要付出极大的努力以摆脱发展的桎梏，才能进入新的发展阶段。目前中国餐饮行业主要面临经营成本高涨、食品安全事故频发和人力资源匮乏等多方面挑战，这也使大部分餐饮企业陷入经营困境。具体而言，餐饮企业面临着以下几个方面的挑战。

（一）"四高一低"的局面在全行业蔓延

中国烹饪协会在《2012年上半年餐饮行业形势分析》报告中指出："在宏观经济增长动力不足、物价高涨的情况下，我国餐饮行业面临的'四高一低'（房租价格高、人工费用高、能源价格高、原材料成本高、利润越来越低）成为企业不可承受的负担，同时还要承担食品安全、消费者投诉、媒体曝光的风险。"[1]

从房租水平看，房屋租金涨幅明显。中国烹饪协会提供的数据显示：餐饮企业房租每年以8%的幅度增长，再加上装修、培育品牌、广告、企业文化建设等方面的投入，我国餐饮企业发展面临很大的成本压力。从人工成本看，餐饮企业面临"招工难、用工荒"的尴尬处境，即便是有新员工不断加入，企业在薪资增长、员工培训、社保基金投入方面也面临着不断上升的成本压力。同时，由于工资水平基数不高、职业的社会评价度不高、工作环境和工作强度处于劣势等内在因素，员工流失率高，2010年百强餐饮企业的员工离职率为18.44%，远高于人力资源员工离职理想控制率即5%—8%。由于餐饮行业属于劳动密集型行业，服务与管理的执行以及餐饮的供应有赖于人工的参与，面对快速扩张的餐饮市场，合格员工的供应变得十分紧张，在这种供需失衡的背景下，用工价格的上涨是目前餐饮行业发展不可回避的现实问题。从能源价格和原料成本看，峰谷电价、食用油、各种菜品、原材料等随着季节性CPI的波动而呈不断上升趋势，而银联刷卡手续费、一些品牌餐饮企业所开展的各类社会公益捐助等，都使得餐饮企业的成本增加。

此外，中国餐饮行业集中度相对较低，其构成是以中小企业为主，内部管理和经营效率偏低，随着人工、房租、食材价格的上涨，依靠低成本维持高盈利的时代一去不复返，而较高的税负和政府对于食品安全监管力度的加强更进一步削弱了餐饮企业的盈利能力，众多中小餐饮企业面临生存挑战。当然，在困境中仍然蕴藏着

---

[1]　中国烹饪协会：《2012年上半年餐饮行业形势分析》，《食品安全导刊》2012年第10期。

巨大的整合空间，如果品牌餐饮能突破这些制约条件，加大创新力度，其则会抓住行业发展和市场份额提升带来的双重成长机遇。

（二）食品安全问题制约企业的发展

近年来，食品、人工及房屋租金成本的节节攀升，不断挤压着餐饮企业的利润空间。餐饮企业消耗的食品主要为各项农副产品，由于受供求关系失衡、生产成本上升等因素影响，优质食材的价格持续上升，与此同时考虑到越来越高的处罚成本以及食品安全压力，餐饮企业对食品品质的重视程度更是有增无减，由此导致采购成本逐年上升。

随着媒体的频频曝光，食品安全问题逐渐引起了人们的高度关注。近几年，"骨汤门""豆浆门""勾兑门"以及毒米、毒面、毒油、毒酒事件几乎每年都有发生。从这些事件中，我们能够明显地发现，无论是跨国餐饮企业还是个体经营的小型餐饮店都存在一定的食品安全卫生问题。在面对危机的时候，很多餐饮企业习惯于将主要责任推到供应商的原材料质量上，事实上餐饮企业自身也难辞其咎。对于供应商缺乏严格的管理和评估，餐厅加工环境卫生标准低下、流程不完善和从业人员素质参差不齐都会带来食品安全问题。从行业环境来看，食品行业供应链亟待完善，技术也亟待提高。当然，国家也应加强食品安全监管力度，完善食品卫生安全等方面的法律、法规。

国家制定的有关餐饮行业需要遵守的法律法规及政策主要包括：《中华人民共和国食品卫生法》《中华人民共和国产品质量法》《中华人民共和国食品安全法》《餐饮企业经营规范》《餐饮业开业的专业条件和技术要求》《餐饮企业连锁经营管理规范》《商业特许经营管理办法》《商业特许经营管理条例》《食品卫生许可证管理办法》《食品生产加工企业质量安全监督管理办法》《食（饮）具消毒卫生标准》《饭馆（餐厅）卫生标准》《一次性可降解餐

具通用技术条件》《商业、服务业经营场所传染性疾病预防措施》《饮食业油烟排放标准》等。其中，由商务部颁布，并于 2007 年 12 月 1 日正式实施的《餐饮企业经营规范》（SB/T 10426—2007）是对餐饮企业经营管理的最基本要求，也是餐饮行业标准体系中的基础性标准。另外，由商务部制定的《全国餐饮业发展规划纲要（2009—2013）》对餐饮行业发展起一定指导作用。

（三）从业人员流动性大、高级管理人才匮乏

餐饮属于劳动密集型行业，服务人员、厨师以及管理人员是其基本的人力构成。很多民营餐饮企业都是由老板白手起家创办的，发展到几十家、上百家连锁店时，就迫切需要运用现代化的管理方式进行经营，但高素质的管理人才"奇货可居"。同时，随着新劳动法的实施，餐饮业作为劳动密集型产业受到很大影响，不但企业要完善劳动合同，履行缴纳社会保险的义务，而且劳资关系也变得比以前更复杂。[①] 然而，服务人员一般面临着薪资低、社会地位低、外来务工等不利因素，如若得不到公正的绩效考评、丰富的成就体验、可预见的晋升机会及带来归属感的情感关怀，优秀服务人员的流失将不可避免，而过高的人员流动率亦降低了企业的服务品质、增加了培训成本。连锁餐饮企业的迅速扩张迫切需要与之相匹配的高素质管理人才，但是内部培养需要时间，通过外部招聘，再使其适应企业文化亦需要时间，因而留住人才，做好人才储备既是餐饮企业发展面临的重要难题，也是提升餐饮企业发展空间，加强人力资源管理的重要突破口。

（四）企业内部监管难度大

我国餐饮企业的内部管理存在着管理缺乏规范，产品、市场缺

---

① 中国烹饪协会：《2008 中国连锁餐饮业发展战略趋势调查报告》（上），中国烹饪协会官网（http://www.ccas.com.cn/Article/HTML/8386.html）。

乏标准化，企业成本、收入不够清晰化的"三化"问题。具体而言，表现在以下三个方面。

一是内部控制存在短板，缺乏规范化的管理。如企业在订立合同、采购管理、仓库管理、前台管理、财务核算等方面的管理不规范。按管理要求，企业所有资金进出均要有相应凭证，以保证财务指标的真实性和合法性。餐饮企业订单处理及采购事项发生频繁，其中食品价格受地理区位、节气流转、气候状况、自然灾害、政府法规、市场变动的影响，即使同一种食品由于品质的差别也会形成不同的市场价格，而对于品质的判断往往靠人的主观能力，这些都为餐饮企业的规范管理提出了非常高的要求。

二是成本核算和收入确认难度大，无法做到清晰透明。因为餐饮企业是服务性行业，所面对的顾客和对接的客户都是个体性的，购、销、售等环节常常因没有发票而难以具体确认、核算，使得餐饮企业的实际收入状况并不清晰。此外，餐饮企业为了增加客户黏度，赠送打折卡券成为经常采用的促销方式。因此，餐饮企业在财务状况和可能的投资回报方面无法达到上市公司的标准要求，这也造成我国餐饮企业无法有效融资，摆脱资金压力而走向跨越式发展。

三是餐饮标准化难度大。餐饮行业的标准化，不仅仅是管理流程的标准化，还包括菜品的标准化。"这一点对于注重烹饪技艺的中餐企业而言更为重要，相应地，其菜品的标准化难度也更大。因为中餐菜品讲究的是'色、香、味'俱全。这些要求一般因烹饪技术或大厨个人的技艺不同而很难做到标准化。同时，标准化需要成熟的物流业来支撑，背后是物流业的技术化与标准化。"① 由于受这

---

① 中国烹饪协会：《2008 中国连锁餐饮业发展战略趋势调查报告》（上），中国烹饪协会官网（http://www.ccas.com.cn/Article/HTML/8386.html）。

些条件的制约，我国餐饮企业，特别是中餐企业的餐饮标准化进展很缓慢。以百胜餐饮集团的中餐为例，尽管同属于百胜餐饮旗下，以中式快餐为主的东方既白的发展速度远远落后于肯德基和必胜客，从 2005 年到现在，东方既白在全国仅仅开设了 30 家门店，而肯德基目前在中国 800 多个城市开设的门店超过 3500 家，不排除公司旗下多个品牌有不同的发展战略的因素的影响，但是中餐标准化难是造成这个落差的一个无法回避的原因。

一般来说，餐饮企业在内部优化的过程中应该加强管理结构、客户、技术等方面的优化，提升服务质量是关键。近年来餐饮服务水平的提升与餐饮企业发展的速度相比明显滞后。一方面应该从转变企业经营理念入手改善餐饮从业人员的服务态度；另一方面应该提高餐饮业的整体产品观念，为消费者提供更全面、更优质的产品与服务。① 因此，加强餐饮企业内部组织结构优化，一定要将服务提上去，真正将精准服务和差异化服务结合起来，树立良好的服务理念和品牌意识。

---

① 李丽娜、吴远：《我国餐饮业发展影响因素实证分析》，《江苏科技信息》2017 年第 28 期。

第 四 章

餐饮企业成长的阶段理论及影响因素

本章在回顾企业生命周期阶段理论的基础上，梳理分析现有理论划分阶段的标准和所划分的阶段，提出我国餐饮企业成长阶段的划分标准。通过餐饮企业成长阶段的描述和分析，归纳每个阶段的主要特征、成长规律以及面临的主要问题。同时结合以往相关企业成长的影响因素，提炼出影响企业成长的结构性因素，建构以企业家能力、组织结构和企业文化等因素构成的"三维一体"模式，并以这个模式对企业发展的创业、成长和成熟与衰退几个阶段作过程性分析，为餐饮企业成长提供一套诊断、治疗、预防的理论。

第一节　企业成长的阶段理论及依据

一　企业成长的阶段划分理论

Penrose（1959）首次在《企业成长理论》一书中构建了"企业资源—企业能力—企业成长"的分析框架，标志着企业资源基础理论的诞生。该理论认为，企业是资源的集合体，企业资源决定了企业能力，从而推动企业知识的增长，进而促进企业的演化成长。

企业作为生命体与自然界中的有机生命体一样，可以用年龄来描述其从诞生到死亡的生命过程。就像人有生理年龄和心理年龄一样，企业在客观上存在着两种不同的年龄，即自然年龄与商业年龄。前者是企业自诞生之日起所经历的时间，主要表明企业存在时间的长短；后者是企业生命体活力的量化，综合反映企业的经营状况及发展态势。[①] 企业成长是学界和管理人员经常关注的问题，企业成长是一个规模扩张和结构转换的互动过程，企业持续成长，也就意味着这几个成长阶段的顺利接续与递进。

从 20 世纪 50 年代开始，企业成长阶段理论研究进入百家争鸣的黄金时期。学者们从经济学、管理学、社会学等学科理论视角，通过观察和实证研究构建了多种企业成长阶段模型，并总结了企业成长阶段的发展规律和各个阶段的主要特征。有关阶段划分的理论大致概括为以下几种。

（1）三阶段论。主要以钱德勒（Chandler，1962）、斯科特（Scott，1963）和周三多（2002）等人为代表，划分依据主要以管理、产品、组织结构、战略等为主，强调了阶段之间的差异显著，概括性较高。

（2）四阶段论。主要以斯坦梅茨（Steinmetz，1969）、奎因（Quinn，1983）、李业（2000）、王德禄（2000）等人为代表，他们的划分依据不同，划分依据比较简单，有客观衡量数据，也有实证研究支持。

（3）五阶段论。以坎农（Canon，1968）、格雷纳（Greiner，1972）、邱吉尔和刘易斯（Churchill and Lewis，1983）等人为代表，这种划分符合观察到的事实，适用于所有行业，但不是严格的划分标准，而是各阶段的特征概括。

（4）多阶段论。主要以爱迪思（Aides，1989）为代表，他把

[①]　顾力刚、韩福荣、徐艳梅：《企业年龄研究》，《外国经济与管理》2000 年第 12 期。

企业的成长过程划分为成长和老化两大阶段共 10 个时期，其中成长阶段从孕育期开始，经历婴儿期、学步期、青春期、盛年期，直到稳定期。企业的老化阶段又分为贵族期、官僚化早期、官僚期，然后进入凋亡。国内学者陈佳贵（1998）把企业生命周期划分为孕育期、求生存期、高速发展期、成熟期、衰退期和蜕变期。[1]

二　企业成长的阶段划分依据

通过梳理企业成长阶段划分理论，我们发现，无论采用定性指标还是定量指标进行划分，由于不同学者的研究角度和研究目的不同，对企业生命周期阶段划分的依据各有差异，但是也有很多共同的地方，所有企业生命周期成长遵循的曲线都有相似的地方。笔者对不同学者关于企业生命周期阶段的划分依据[2]进行比较分析，以确立自己的划分依据。第一，按照企业规模（组织规模）进行划分。主要代表人物有西蒙（1985）、陈佳贵、Lewis（1983）、Roweetal、Flamholtz（1986）。第二，按照组织结构复杂程度进行划分，主要代表人物有 Downs、Lippitt、斯科特等人。第三，依据企业灵活性和可控性的不同组合划分，主要代表人物有爱迪思。第四，按照企业的销售额划分，主要代表人物有李业（2000），他把企业发展分为初生、成长、成熟和衰退四个阶段。第五，按照企业的经营战略划分，主要代表人物有周三多、邹统钎（2002），他们依据企业的经营战略，将企业成长历程总结为专业化、多元化和归核化三个阶段。

不同学者的划分依据使用了定量与定性两种方法。其中，定量的方法主要采用财务指标法（孙建强等，2003）、数理统计法（熊

---

① 崔晓峰、焦晓波等：《企业成长阶段理论及影响因素的述评》，《常州工学院学报》2012年第 2 期。

② 魏光兴：《企业生命周期理论综述及简评》，《生产力研究》2005 年第 6 期。

义杰，2002；任佩瑜，2004）、指数函数分析法（熊义杰，2002）、商业年龄（顾力刚等，2000）等工具，通过确定值或者参数阈值的分析，来判断企业所处的生命阶段。而定性方法则是通过找出决定企业成长的几个关键因素，观察当前企业呈现出来的这些因素的强弱程度，来判断所处的生命阶段，代表人物为陈佳贵、单文和韩福荣（2002）。不管哪种方法，都依据一定的阶段划分理论来展开，并对企业的发展阶段划分进行论证，寻求划分依据的合理性。

第二节　餐饮企业成长的阶段划分及特征

就企业的生命周期来说，要搞清楚企业成长的影响因素，需要明确三个问题：一是企业成长可划分为几个阶段？二是划分阶段的依据是什么？三是每个阶段的特征是什么？阐释清楚这三个问题，有助于澄清餐饮企业成长在不同阶段面临的主要问题。对此，我们对餐饮企业成长阶段的划分依据，循着企业生命周期理论的路径进行分析。

一　餐饮企业成长的阶段划分理论

从以上阶段划分论中可以看出，对于企业成长阶段的划分标准没有统一，由于研究者研究的问题和目的不同，划分标准也不一样，如前所述，尽管伊查克·爱迪思的十阶段论、格雷纳的五阶段论、理查德 L. 达夫特（Richard L. Daft, 1999）的四阶段论，不同程度地揭示了企业成长的特征或阶段。但是，在对国内外企业生命周期阶段划分的标准进行分析时发现，葛瑞纳、达夫特等人对企业生命周期的论述仅仅停留在组织结构的改变上，而爱迪思通过描述和概括企业各个成长阶段的特征，从中归纳出企业不同阶段面临的主要障碍，并分析企业发展中所遇到的各种障碍及影响企业成长的因素。

综合国内外较为成熟的观点，"这些理论把企业成长视为一个具有若干阶段的连续过程，将考察的重点放在了各个阶段的特征与问题上。通过分析发现，企业成长一般遵循四个阶段的成长规律：创业期、成长期、成熟期、衰退（转型）期。因此，只有通过判断企业处于哪个阶段或哪个时期，才能明确所面临的问题，进而采取相应的处理措施"①。

自从中国加入世贸组织，中国餐饮企业的发展不断面临来自国内外的严峻挑战，由于"四高一低"局面的蔓延，逐渐步入微利时代。现代餐饮企业的经营和发展，如果没有独立自主的品牌，就很难做大做强。在改革开放之初，中国餐饮企业品牌意识不强，多以产品模仿、数量型扩张为主。进入新世纪以来，那种依靠模仿的数量型发展时代已被现代餐饮企业的发展所取代。一个企业要想长期发展，需要培育独立自主的品牌，研发核心技术。因为在市场经济地位完全确立后，物质匮乏时代转向了物质丰裕时代，人们对饮食的消费不仅追求生理的满足，更加体现出了"符号"消费的倾向，品牌与消费身份感增强。消费的口味多变，需求趋于多样化，消费者的消费素质逐渐提高，消费文化时代逐渐来临，消费进入视觉时代。一个企业要想在市场上立足，不断培养顾客的潜在性需求是非常必要的。这就迫使餐饮企业要不断地转变经营和管理理念，加强产品创新、技术研发、走品牌战略之路，以便更好地适应社会、市场大环境的发展要求。

如果从企业管理理念变化来看，可以将近 40 多年来中国餐饮企业管理理念的变化划分为这样三个阶段：经验管理阶段、制度管理阶段和文化管理阶段，如图 4-1 所示。

① 魏光兴：《企业生命周期理论综述及简评》，《生产力研究》2005 年第 6 期。

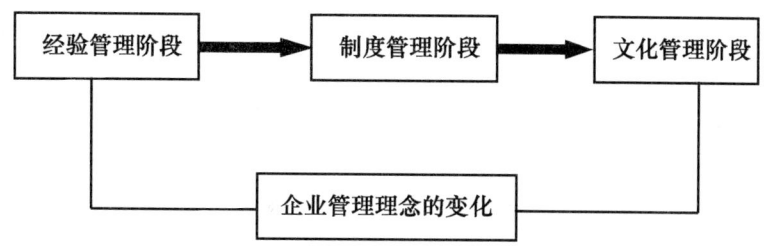

图4-1　中国餐饮企业管理理念的变化

如果按照时间进行划分，可以将改革开放40多年来餐饮企业的发展以"十年"为期，划分为三个阶段，即第一个阶段（20世纪80年代）、第二个阶段（20世纪90年代）和第三个阶段（21世纪以来）。

第一阶段："经验管理阶段"。改革开放初期的起步阶段。这个十年发展期是计划经济向市场经济转轨的时期。此时的企业进入市场经济时，由于缺乏国外先进的管理技术，国内也没有成熟的管理经验可参考，企业在如何适应市场经济的发展方面处在"摸着石头过河"的探索阶段。这个阶段的特点：一是依据人性假设理论，老板和员工被假设为理性人或经济人，他们之间形成利益驱动关系；二是企业的管理采取"三同模式"，即和员工同吃、同住和同劳动。经验管理最大的特点就是在现实运行中起到监督作用，这容易造成管理者和被管理者之间不信任，从而加大了企业管理的成本，由于这种经验管理方式是"人管人"的方式，在管理中容易发生利益冲突。

第二阶段："制度管理阶段"。80年代"人管人"的管理方式所引发的很多矛盾和冲突以及不公平，使企业管理成本加大。到了90年代初期，中国餐饮企业的制度规范管理，在社会逐渐趋于主导地位，开始倡导"由人治转向法治"的模式。这个阶段的主要特点：一是对于人性的假设是"机械人"，即把员工视为机器的一个组成部分，所有业务开始按照流程化、标准化和规范化运行。以制度为基础的管理模式与经验管理模式相比，主要是淡化了管理过程中的情绪化因素；二是把制度管理视为企业向现代化发展的基础工程。制度管理标志着企业开始走向成熟。企业围绕企业健康成长，建立各种规章制度，然后将员工的意见也纳入制度化的矫正过程中，并通过员工的承诺来承担各自的职责。制度管理以目标管理为主，以定量、定产、定计划的方式，在管理终端检验，将过程留给员工，淡化了管理过程中不必要的人际冲突；三是制度管理是一种"刚性化管理"，即遵循制度面前人人平等的原则。但是，由于企业家既是制度的制定者，也是制度的执行者，同时还是制度的破坏者，使得一项好的制度往往在执行过程中效果会打折扣。如果高层管理者身先垂范，就能够起到"上行下效"的示范作用。

第三阶段："文化管理阶段"。进入21世纪，由于中国经济的发展和社会的变迁，对于文化管理的呼声在社会上越来越高。制度管理是刚性管理，可以使企业经营有序，管理有规章可循，但是要想企业从成功走向卓越，需要加强企业文化建设。制度管理能够起到"束身作用"，文化管理能够起到"塑心作用"。在某种程度上，企业文化在刚性管理中起到润滑剂的作用。这个阶段的主要特点是文化管理对人性的假设是"价值人"，即员工是个社会人。如何让一个社会人变成企业人，这不仅需要制度管理，规范员工的行为，更需要文化管理，让员工的思想和企业发展的目标、愿景相整合、认同。传统的经营理念为"主体—客体"，即老板把员工当作工具和手段，文化管理则将这一关系转化为转向"主体—主体"，即老板和员工互为主体。在餐饮的服务过程中，真正和顾客接触的不是老板，而是一线的服务员，服务顾客的好坏，能否为企业创造利润，关键在于一线服务员。因此，以培养企业员工的积极性，增强企业的凝聚力和向心力为核心的企业文化建设就成了现代餐饮企业发展的重要方向。

二　餐饮企业成长的阶段划分依据

如前所述，企业成长阶段的划分依据包括定量和定性两种方法。不同学者划分阶段的依据的差异也反映在两个方面：一是在量的指标上，包括企业存在的时间长短和企业规模的大小；二是在质的指标上，主要是以企业资产的增值能力和企业的盈利状况为主。

本书结合对餐饮企业的观察，从三个方面来确立餐饮企业成长阶段的划分依据：第一，在梳理文献的基础上，明确前人是用什么样的标准或依据划分企业的成长阶段的，这些划分标准能否可以借鉴或参考；第二，通过实地调查或观察，归纳制约餐饮企业发展的关键因素，进一步明确决定企业发展的内在动因和制约机制；第三，通过实证调查或观察，比较不同企业在不同发展阶段所表现出的共同特征，以此来确立划分依据。

综合国内外较为成熟的观点，企业的成长一般遵循四个阶段的成长规律：创业期、成长期、成熟期、衰退（转型）期。本书依据企业规模（餐饮企业的门店数量）、销售增长额、盈利增长额和成立时间四个主要指标，形成简化了的企业生命曲线，以此来描述企业成长的各个阶段。如图 4 - 2 所示。

当然，餐饮企业成长同样遵循这样的发展阶段，经历从创业到发展再到成熟的过程。餐饮企业的生命曲线只是从理论梳理和实践调查得出的一个理想的餐饮企业成长发展过程，在实际运行中，餐饮企业的成长是否遵循着这一个成长逻辑，是否必须要经历这样几个成长阶段，都会在不同程度上受外部因素的影响。毕竟企业是生活在大的社会环境、行业环境和制度环境下，需要不断地适应市场环境，以满足顾客的需求。当然，除了外部环境因素，企业成长与

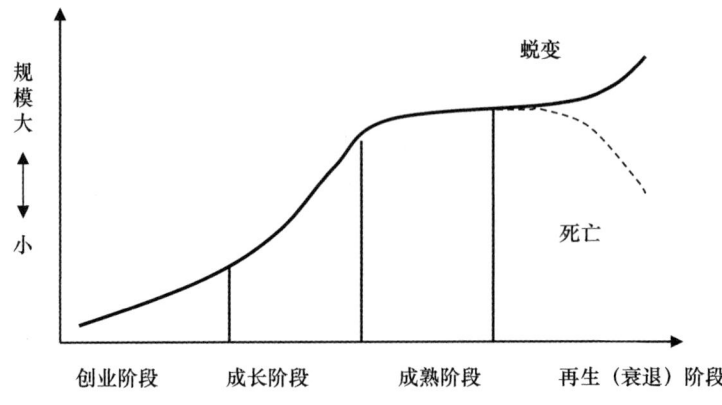

图4-2 餐饮企业的生命曲线图（简化图）

企业内部自身的问题有关，要不然在外部环境相同的情况下，为什么有些企业能实现可持续成长，而有些企业总摆脱不了"短命"的折磨，其内在的机制是什么，能否通过生命周期曲线图来揭示餐饮企业成长的规律，这些问题也构成了本书的研究内容，以企为今后餐饮企业的发展提供借鉴。

三 餐饮企业成长的阶段特征

一个企业组织自组建之后要经历一系列发展阶段，不同发展阶段的企业内部特征、相互作用的性质都会发生显著变化。正如爱迪思所说："生物体都会经历：出生、成长到老化甚至死亡的生命历程，而生物体的行为模式是可以随着生命周期的变化而预知的。"[1] "而企业类似于生物体一样，企业实际上也有生命周期。"[2] 当然，企业组织也有自己的演变规律，企业是一个有机组织，企业从创立到发展壮大直至消亡（破产倒闭）的整个历程，要经过不同的发展阶段，每一个阶段都具有其独特的组织结构特征。虽然不同阶段面

---

① ［美］伊查克·爱迪思：《企业生命周期》，第1页。
② ［美］伊查克·爱迪思：《企业生命周期》，第2页。

临的问题不一样，但是企业的成长特征也有许多共通之处，只是不同企业经历的境况不同而已。分析企业不同发展时期的核心问题和结构特点，就可以审视企业相应的管理和运作模式。

（一）创业阶段

这一阶段主要是创业者根据自己的想法和愿望筹办企业。在创业阶段，创业者首先需要对自己创立的企业有一个明确的定位，根据定位选择顾客群，之后确定经营产品和服务项目以及筹集资金和选址开店。对于一家始创企业来说，最重要的问题是要有明确的企业定位、目标及策略，特别要避免因定位不准而造成企业的盲目经营。这时企业的核心运作应以重点解决企业定位和如何获得市场认可、拥有顾客为主。这个阶段企业一般规模小，企业组织创始人通常通过技术或专业来定位，同时高度重视产品和服务。在企业内部，企业之间的人员往来是经常性且是非正式的，没有正式的会议制度，没有正式的记录制度。这一时期的特点表现为：

（1）企业规模方面：这个时期的餐饮企业一般都是夫妻店或合伙经营，规模小、灵活性高，以单店经营为主，当单店经营赢利时，就会进行扩店，一般会采取直营或自营的方式。

（2）产品定位方面：餐饮店刚开业不久，主要通过菜品的质量、菜品的分量、菜品的价格以及就餐卫生和服务等在消费者心目中留下深刻印象，形成良好的口碑，吸引回头客，产品逐渐得到顾客的信任和认同，顾客的信任成为企业成长的持续动力。

（3）组织结构和管理制度方面：这一时期的企业管理，各种契约关系简单，有时甚至没有管理制度，企业的整个管理主要采取"人治"的方式，遇到事情因时制宜，因事制宜，灵活性强，缺乏稳定的应对机制。

（4）在市场定位方面：市场风险大，发展速度不快。这个阶段企业对行业竞争、市场状况和商业环境还不熟悉，存在着市场风险。创业者还不具备敏锐的市场洞察力，对经营业态、市场定位或顾客群定位仍然在不断的探索中。

（5）在地段选择方面：关注客源量大，便利性强的地段，但也有走特色餐饮而选择一般地段或客源集聚点的企业。由于餐饮服务和产品具有生产与消费的同时性，餐饮企业的生产场地必须要和顾客的消费场地结合起来。

这一阶段的主要危机是，在企业规模快速增长的同时，就会滋生出各种各样的混乱情况，就会使企业的成长失控。在初创阶段，由于没有明确的分工和相应的规章制度，在这种状况下，创业者与员工一起面对市场，共担风险，处于共享利益的"草莽式"发展阶段，之后企业就会慢慢开始从创业期向成长期过渡，这时如果没有相应的组织架构相匹配就会带来管理上的混乱与快速扩展的危险，需要考虑改进管理方式或者转变创业者角色。通过寻求规范、专业的管理指导，使企业顺利过渡到下一个阶段。

（二）成长阶段

企业的产品逐渐打开市场并保持稳定的销路，企业开始能够正常盈利，各项生产和销售活动也都进入正常运作。对于企业主和主要经营者来说，决策量增多，管理工作也更为困难。因为这个阶段企业的组织架构虽初步形成，但不够完善，员工所承担的责任和任务重叠交叉。如果没有完善的组织架构和管理制度，企业在迅速扩张过程中，很容易陷入"创业者陷阱"或"家族陷阱"①。

这个阶段的主要特点是：（1）企业组织开始向正规方向发展，明确、正式的职能体系和部门逐渐建立起来；（2）企业开始使用较正规的激励机制，关注员工的合作与发展；（3）企业组织结构明

---

① 所谓"创业者陷阱"是企业在创业期到早期的扩张期过程中，出现"创业者即企业、企业即创业者"这种合二为一的经营管理与组织模式，会妨碍企业的开放性成长和健康扩张。

晰,向等级化发展,业务分工更加细化;(4)企业的决策权和处事权开始分离,做事情的人被定义为职能方面的专门人员,但没有自主决策权。

这个阶段的主要危机是自主危机,企业逐渐建立各种规章制度,使得企业像机器一样,尤其是处于一线工作的管理人员和员工,每天重复着流水线和标准化操作流程的工作,如果对员工的激励不足,往往会压抑员工的积极性和创造力,导致有些员工陆续离开企业。同时,因为缺乏成长的空间,企业内部上下层之间的流通开始不顺畅,也会影响员工的积极性,使他们开始消极地面对企业的发展和具体工作;如果管理人员得不到企业高层的信任,缺乏有效的决策权,沟通能力减弱,合作方式单一,很容易埋下企业进一步发展的隐患,使企业扩张与企业利润之间出现断层。

(三)成熟阶段

经过一段快速增长时期后,企业将会进入稳定经营阶段。由于市场的扩大,企业间的竞争更加激烈,企业承受的压力也不断加大,这表明企业已经进入成熟阶段。这时企业组织结构及管理方式呈复杂化和多样化的特点。企业的职能部门增加,管理的层次增多,企业内部各部门之间的矛盾和冲突也会不断发生。这一阶段的特点表现为企业管理体系调整、完善与企业观念转变之间的矛盾。尽管有些管理方式和规范性制度在不断地完善,但是,企业成长的速度经常超过企业管理系统完善的程度,企业家自身也可能成为企业发展的障碍。因此,要实现从创业型企业向规范管理型企业的转型,仅靠发展运营系统和管理系统还是不够的,还需要转变组织成员的观念,尤其是企业家自己的观念。"对很多创业者而言,很难真心认同组织需要从早期的创业阶段转变到规范管理的阶段,这需要创业者彻底转变他们原本的观念,因为他们的早期经验证明成功并不需要管理体系的支持，然而，不彻底转变观念，组织可能面临衰退甚至失败的危险。"①

这个阶段的危机是控制危机。若企业管理层人心不齐、各执一策，他们很有可能将一个企业引向错误道路甚至使这个企业分崩离析。由于在授权与分权的博弈中，合作受到不同程度的抑制，管理部门容易出现不同程度、不同形式的本位主义思想，这时需要加强部门之间的协商与合作，对企业员工进行集体主义思想引导、教育和行为的整合。同时，加大企业制度创新，改进激励机制，强化管理部门的协调功能。通过加强企业文化的建设，通过吸纳大量的新员工，企业的价值观、信念和行为规范在创办者与员工的日常接触中获得新的传播。良好的企业文化不仅弥补了正式结构中非正式结构的不足，而且也起到了凝聚员工的作用。员工可以通过良好的企业文化，更好地为消费者服务，同时也帮助企业巩固和完善制度体系，使企业从创业型企业向以创业精神为导向的管理规范型企业转型。事实上，企业文化起到了对员工和公司目标价值的整合作用。因此，企业文化对企业日常运营和最终盈利都有十分重要的影响。通过对餐饮企业组织演变过程的剖析，我们可以把握或预测企业不同阶段的主要特征和存在的危机问题，具体如图4-3所示。

随规模不断壮大，企业在成长过程中，会遭遇领导危机、自主危机、控制危机和官僚危机。在破解这些危机的组织结构调整中，一方面，组织结构不断调整、优化，克服了当时的企业危机和矛盾；另一方面，又产生了新的危机和矛盾，两者共同推动企业由平衡发展到不平衡发展，再到平衡发展。这种动态的互动过程，促进企业不断发展或转变。在此过程中，企业家的能力、企业规章制度

---

① ［美］弗拉姆毫茨、兰德尔：《企业成长之痛——创业型企业如何走向成熟》（第4版），黄震亚、董航译，清华大学出版社2011年版，第26页。

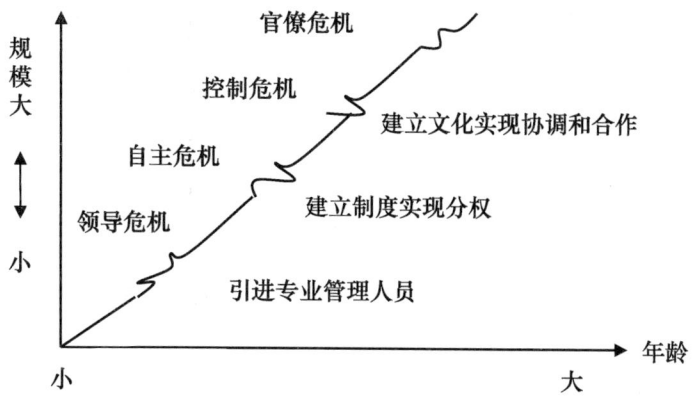

图 4 - 3 餐饮企业组织演变及危机图

和企业文化等因素，在不同阶段起到了各自不同的作用。但是，这些作用不是孤立存在的，而是与其他因素在互动联系中发挥的，只不过不同阶段，影响力不同而已。

通过以上对餐饮企业成长阶段主要特征的论述，我们发现，餐饮企业成长的每一阶段都存在着问题，一些是前一阶段的遗留问题，另一些则是下一阶段的问题端倪。在餐饮企业健康成长的情况下，企业应关注的重要问题应该是那些与企业所处成长阶段密切相关的问题，而在重要性上居于第二位的问题则取决于企业在成长中的某一特定阶段发展到了什么程度。

第三节 餐饮企业成长的主要影响因素

一 餐饮企业成长的关键影响因素指标

企业作为一个组织，在与周围环境进行信息、关系和资源交换中，会通过不断地完善其组织内部的结构，不断使其发展壮大起来。学者研究影响企业成长的因素，一般是以生命周期理论中的归因论为主要视角。如本书绪论部分所言，国内学者对企业成长的归因解释主要包括企业成长的自身因素和企业成长的外部因素两个方面，研究主要是从经济学、管理学、营销学等学科展开，理论成果表现为各种各样的因素说（论）。

对企业而言，哪些因素成为最重要的影响因素呢？崔晓峰等人（2012）从企业成长环境的内外部两个角度分析，认为外部环境主要包括法制环境、政策环境、技术环境、融资环境、经济和市场环境等几个方面；企业内部因素主要包括企业家能力、技术创新能力、财务能力、市场营销能力、人力资源管理、企业战略。顾力刚等人（2000）通过对日本优秀企业的分析发现，保持最佳商业年龄的关键因素包括持续的技术与产品创新、彻底强化主业，不断提高核心产品的竞争力和获利能力、适时进入有发展前途的领域，培养新的增长点，防止企业老龄化、拥有卓越的领导者四个方面。这些研究揭示了企业成长过程中的内部因素（如卓越的企业家能力的重要性）、外部因素（如政策环境、市场环境等因素）对企业的影响。

对餐饮企业影响因素的研究，则进一步细化了一般企业成长的影响因素。例如杨铭铎等人（2010）认为，影响中国快餐业发展的因素包括宏观环境、行业环境以及企业内部环境三个方面。行业环境涉及行业结构、发展趋势、行业的市场状况、各种生产要素的供给者、竞争的状况以及相应的政府机构等方面；企业自身的环境因素主要包括企业领导者的决策能力、企业环境、企业文化、服务质量、生产能力及产品价格、品牌、人才、资金等方面。邹光勇、石长波（2002）从系统论的角度探讨了餐饮企业的经营特征，将经营导向、环境、菜肴质量、服务质量及营销视为影响餐饮企业发展的五大要素。刘伟（2012）从餐饮企业具体的经营管理实践出发，指出中国餐饮业的发展主要从经营理念、特色品牌、标准化管理、操作化流程以及专业化团队五个方面加强经营管理。这些针对餐饮行业/企业的研究，为我们重新审视并分析中国餐饮企业的成长及其阶段的影响因素，提供重要的借鉴。

本书在前人研究企业成长及其影响因素的理论成果的基础上，结合餐饮企业的现状和对餐饮企业的调研、观察情况，将影响餐饮企业成长的因素归纳为32个（如表4-1所示）。

表4-1　　　　　　　企业成长的关键影响因素指标

主要评价指标			
1. 企业家能力	9. 领导团队能力	17. 研发能力	25. 就餐环境
2. 服务质量	10. 融资能力	18. 市场需求把握	26. 企业文化
3. 营销质量	11. 企业品牌	19. 领导团队素质	27. 企业愿景
4. 产品质量	12. 市场拓展能力	20. 核心价值观	28. 人力资源管理
5. 品牌经营	13. 市场应变能力	21. 文化融合能力	29. 政策与法律环境
6. 生产能力	14. 环境适应能力	22. 业务流程管理	30. 资源外取能力
7. 管理制度	15. 供应链管理	23. 创新观念和能力	31. 就餐卫生条件
8. 组织结构	16. 多元化能力	24. 战略实施能力	32. 食品安全

为了能够更好地研究这些因素中哪些影响因素对餐饮企业可持续成长起到关键的作用，笔者设计了一份调查问卷，要求被调查者根据餐饮企业发展的实际情况，对这32条影响因素指标中的每一条重要程度进行选择，即在"非常重要""比较重要""不太重要""极不重要""说不准"5个标准中进行选择，以获得影响餐饮企业持续发展的关键因素。在一次偶然的机会，笔者参加了2012中国（北京）餐饮产业大会，对当时参会的企业领导和服务员工发放了问卷，共收到有效调查问卷91份。对回收的这些调查问卷进行统计分析，并对这些因素重要程度进行排序。其中，排名前3位的因素是企业家能力、组织结构、企业文化、人力资源管理。在这些因素中，出现频率最高的是企业家能力，共有52人提及；第二位的

是管理制度和组织结构，共有 46 人提及；第三位的是企业文化，共有 39 人提及（如表 4 - 2 所示）。

表 4 - 2　　　　　　　　影响餐饮企业成长的关键因素

影响因素	排名	频率	百分比	总人数
企业家能力	1	52	57.1	91
组织结构	2	46	50.5	91
企业文化	3	39	42.9	91

从表 4 - 2 可以看出，首先，有 57.1% 的人认为企业家能力是餐饮企业持续发展的重要能力；其次，规章制度和组织结构是制约和促使餐饮企业发展和生存的重要保障；最后，是企业文化和人力资源管理。企业的发展离不开人，人是企业发展的动力，企业文化是一个餐饮企业的灵魂，同时也是增强企业凝聚力的强大武器。当然，从上述统计数据来看，仍有不少影响因素在企业的发展中占据重要位置，相对于这三个关键因素而言，我们更侧重揭示在企业成长过程中的作用机制和内在逻辑，以及这三个因素在同一阶段的交互作用对整个餐饮企业成长阶段的影响。对于一个从诞生到成长再到发展的餐饮企业而言，除了外部的影响因素外，影响企业成长的最重要的因素可以概括为：企业家能力、组织结构和企业文化这三大因素。企业的发展就是这三大因素在不同阶段发挥关键作用的结果，其他因素只是这些因素的外显形式。

事实上，就一个企业发展而言，在外部环境或因素相同的情况下，影响企业成长的关键因素主要还是内在因素。正如经济学家所言，企业是个"黑箱子"，如何揭示企业的内在运行机制，这对于企业可持续发展有很重要的指导意义。餐饮企业尽管有其行业的特殊性，但是也具备企业的一般特征。餐饮企业属于劳动密集型行业，市场门槛低，产品容易复制，市场竞争激烈，低投入，同时产品创新很容易在短时间内被模仿、复制，影响了创新带来的收益。这种餐饮行业自身的特殊性与餐饮企业在市场经济中面临的竞争性就成为企业发展的复杂背景。例如餐饮企业的市场定位和地段的选择是非常重要的，而对于其他企业就未必重要。这也说明，研究餐饮企业的成长，要关注影响其发展的内在因素，揭示其内在的运作机制。

二　餐饮企业成长的三大影响因素

根据资源基础理论，资源具有稀缺性、有价值和不完全模仿性的特点。当这种资源不能进行交易，或者在竞争激烈的市场条件下无法获得时，企业所需的资源就通过组织内部产生。[①] 因此，从组织内生性资源获得而言，我们将其对餐饮企业成长的影响因素指认为企业家能力、组织结构和企业文化三个方面，以此来建构影响餐饮企业成长的分析框架，具有其合理性。下面对这三个影响因素逐一作简要说明。

（一）企业家能力

企业家是企业的创立者和管理者，企业家能力体现在企业创立、管理企业的方方面面。企业成长与发展的过程也是企业家能力发挥作用、影响企业内部环境的过程，而这一过程也是企业家能力逐渐显露、体现、完善的过程。因此，从这个意义上说，企业与企业家能力是相互促进、密不可分的。如果将企业视为企业家能力的外化，那么企业家能力则是企业成长过程中的价值、观念、经营理念、战略、制度等精神性、文化性的内化过程，也是推进企业发展的直接动力。企业家能力的发挥直接影响着企业能否健康成长，企

---

① Dierickx, I. & Cool, K., Asset Stock Accumulation and Sustainability of Competitive Advantage, *Management Science*, Vol. 35, No. 12, Dec1989, pp. 1504 – 1511.

业家正是通过企业家能力对产品的市场定位、战略目标、管理水平等进行宏观把握与微观管理直接影响企业的兴衰成败的。因此，企业家能力就是企业成长发展的内在主要影响因素。但是，企业家能力不是直接作用于企业发展的，而是通过其他的途径和因素间接实现的，对企业家能力因素的研究应与对餐饮企业的组织结构、规章制度和企业文化等因素的影响结合起来，将组织结构、企业制度等"硬"的因素与企业家个人的感召力、世界观、价值观、性格、态度等"软"因素结合起来，分析影响餐饮企业健康成长的内在运行机制。

如果企业家的能力构成与水平状况无法与企业发展对应的需求相匹配，企业的生存和发展将会受到严重威胁。企业家面临的首要挑战是创建成功的创业型企业，如果他们具备识别市场需求的能力，并开发出满足市场需求的产品和服务，那么企业就有可能得到快速发展。一个企业的发展是连续演进的，企业此时的成功可能会引发下一阶段生存所面临的一系列问题和挑战。换句话说，创业者的（企业家）决策能力、市场洞察能力、敬业精神、创新精神、学习能力促进和制约着一个企业的发展。

企业家能力是企业成长的精神支柱。作为企业领导者，企业家应立足于企业核心团队，借助团队的力量，将员工的创造力和凝聚力激发起来，要善于利用集体智慧的力量，克服企业成长中的困难，帮助企业健康成长。因此，企业家不光要具备领导能力，同时也要具备管理人力资源的能力，以实现"一己之力"到"群策群力"的转变。因为在"在组织内部，人的因素是一种可变性最大的因素，也是对组织运转影响最大的因素。从韦伯开始，人们在设计组织结构时都竭力限制人在组织内部的随意性，并以此作为制度规则的基本前提。作为组织内人的因素主要指人的需要、动机、态度、信仰与价值体系等。由于这些因素的不同，就决定了在组织内部的表现程度不同，决定了组织发展与设计"①。因此，要发挥企业家能力的核心作用，将企业团队、企业员工的凝聚力、创作力激发出来，推进企业成长。此外，企业家的行为影响着企业组织的发展。创业者与企业家有本质的不同，当企业不断成长时，企业家在不同阶段应扮演不同的角色，企业家能否在每个阶段做出正确的选择、判断，其行为会影响企业的成败。企业的成长始终贯穿着企业家的精神和理念，企业在不同的发展阶段，都随着企业家的战略决策而转变。反之，如果企业家在每个阶段没能很好地扮演角色，容易造成企业的失败。

（二）组织结构

在关于组织结构的研究中，经济学理论、管理学理论将组织通常视为企业，我们所指的"组织结构"也就是企业组织结构。从经济学理论来看，组织理论在古典经济学到新制度经济学演变过程中，经历了"制度""签约"和企业组织这样一个发展过程；从管理学理论看，组织也有一个从传统理论的"正式组织""非正式组织"到现代理论的"综合组织"的演变过程。

社会学意义上的组织结构，按照于显洋教授（2009）的定义："是指组织内部正式规定的、比较稳定的相互关系形式。"② 从企业组织结构演变看，传统组织理论强调"正式组织"的作用，重视非人格化的规则、形式化等概念。现代组织理论则开始重视结构与环境之间的关系，相信灵活的结构形式能更好地适应环境需要，也更有效率（邢以群，吴韵儿，2012）。关于组织结构演变过程的研究表明，企业在从小到大的发展过程中，组织结构也经历了从专门化、规范化、集权化三个状态维度的具体变化。

---

① 于显洋：《组织社会学》（第二版），第10页。
② 于显洋：《组织社会学》（第二版），第10页。

企业的成长和快速发展离不开适合企业发展的组织架构和规章制度。随着餐饮企业的发展，企业家不能事事亲自管理，需要引进相关的技术和管理人员，为自己分忧解难，这时就会出现授权的情况，如何才能保证授权而不是分权，则需要有一套良好的规章制度。此外，由于企业不断壮大，内部的分工越来越细，组织架构起到分工协作的作用。因此，组织架构是影响企业成长的关键因素之一。对于餐饮企业成长过程而言，企业需要建立相应的组织架构和规章制度，而这些规章制度有利于企业家对员工的授权，更有利于企业部门之间的分工协作。规章制度的建立最适合的阶段应该是成长阶段，此后根据企业的成长需要不断地完善。在这个阶段之前，建立企业的规章制度会影响企业的发展，在这个阶段之后建立制度会导致分权。企业组织结构对餐饮企业的兴衰有重要的影响。

（三）企业文化

企业文化是随着企业的出现而被学界纳入企业研究视野中的，后来成为国内外的专门研究领域。诸多研究成果尽管在企业文化对企业成长的影响、企业文化的内在结构、企业文化变革等方面形成了共识，但在企业文化的概念方面一直没有形成一致的看法。据李桂荣（2002）统计，在国内产生影响并被广泛引用的"企业文化"定义不下十种，而国外对"企业文化"的定义更加繁多，其中仅著名学者的定义也不少于十种。对企业文化，因为研究背景、学科视角和研究倾向不同，学者们而所给出的定义也不同，可以说，学界对企业文化的研究远未达到很成熟的阶段。

从研究视角看，企业文化是伴随现代企业管理的发展而出现的新领域，诞生于20世纪80年代初[①]，学者主要从管理思想以及管理中形成的共同意识、价值观念、职业道德和行为规范等角度进行

---

① 谢健、奚从清：《现代企业文化》，浙江大学出版社2011年版，第18页。

分析。组织行为学是最早开始对企业文化进行研究的，也是目前企业文化研究的主流方向。这一研究视角主要从企业信念、价值观、企业哲学、企业行为等方面展开。此外，营销学则侧重从企业形象、企业包装、企业标识等方面研究。从研究企业文化的具体学科来看，对企业文化的研究包括社会学、人类学和管理学。其中，"社会学对企业文化研究的影响始于对神话传说、礼仪和符号的研究"[①]。在社会学看来，这些文化表现形式是社会组织的主观表达形式，可以通过研究这些文化形式来区分社会组织的存在形式。社会组织、社会生活有其复杂的形态，通过社会组织所折射出来的文化形态来了解社会组织的变迁，不但可以区分社会生活的主观性特征与客观性特征，而且可以通过礼仪规范、符号系统来理解社会生活。企业是一种组织，对企业的研究也就应该从企业文化表现形式入手，来分析其组织形态、企业成长的影响因素等。这种通过文化表现形式来理解社会组织变迁、区分社会生活形态的研究路径后来被人类学所借鉴，并发展成为三大有影响的学派：结构主义学派、符号学派和人种学派，用来研究人类社会的内部系统和社会规则。管理学则从企业管理中深层管理思想发掘有别于泰勒制式的"硬性"制度管理，侧重于对企业管理中管理理念、价值目标、共同祈愿等方面的研究，其中美国学者特伦斯·迪尔和艾伦·肯尼迪合著的《企业文化——企业生活中的礼仪与仪式》（1981）出版，标志着企业文化理论的诞生，初步形成了西方企业文化的理论框架。

通过简要回顾企业文化研究的演进，我们发现，企业文化是与企业不可分割的一种现象，也是一种客观存在的实体，只不过它是以文化的这种主观形式来表现，并影响着企业的健康成长。基于

---

① 李桂荣：《创新型企业文化》，经济管理出版社2002年版，第13页。

"企业文化是企业的思维方式和行为方式，是企业的个性"① 这种认识，我们认为，企业文化是基于企业成员共同价值观念、行为方式而形成的内在规范，是影响企业成长的主要因素。在餐饮企业成长的不同阶段尤其创业阶段，企业需要与顾客建立基于关系信任的企业文化，通过饮食的品牌、服务、就餐环境、卫生条件来体现，当企业不断壮大的时候，企业需要与员工之间建立信任机制的整合文化，以及总部和加盟商之间的企业文化等。信任机制是企业主体和客体的相互建构，即当自己的声誉、品牌知名度得到不断提升时，企业就能快速成长。因此，餐饮企业要想做大做强，建立企业文化至关重要。

对餐饮企业而言，我们所认同的企业文化就是对餐饮企业的发展起保障、支撑、推动作用的一种精神力量，是一种思想上的保证、行动上的支撑，就是"管用""持久"的文化，一种能够使企业"持续续航"的柔性企业力量，其实质是在长期经营活动中，企业家和员工为共同，促进餐饮企业健康成长而形成的规章制度、创新精神和伦理价值，是通过企业家的创造精神与理性经营活动，将企业的经济效益与为社会创造财富、与员工实现自己的人生价值结合起来，使企业产生一种源源不断的原动力；通过激发员工的归属感、超越性的使命感和自为的职业精神，从而在企业长期活动中形成的核心理念，并通过降低企业执行力的交易费用，扩大企业的竞争能力和持续发展能力。

总之，从以往的研究成果可以看到，企业家能力和组织结构是最受关注的影响企业成长的关键因素，现有研究认为，企业家能力和企业制度越完善，企业成长得越好。此外，考虑到中国餐饮企业的特殊性，由于饮食文化的不同，企业文化在企业成长中起到了潜

---

① 李桂荣：《创新型企业文化》，第13页。

在地影响企业家能力、组织结构的作用。这些结构性的要素对餐饮企业成长的影响是否有逻辑上的递进关系，即在餐饮企业成长过程中，在成长的不同阶段应该关注哪个影响因素，以此来判断企业的经营状况或提醒经营者需要注意哪些问题或做出相应的对策措施，就成为影响餐饮企业发展的主要方法论议题。

第 五 章

"三维一体"模式中单因素作用分析

　　企业成长受很多因素的影响，其发展过程一般与成长环境即企业外部环境和企业内部环境有关。经济学和管理学学者大多关注企业成长的外部环境，比如融资环境、市场准入、政策变化等，他们通过外部相关条件的变化来解释抑制企业成长的原因，把企业内部的运行机制视为"黑匣子"。其实，在外部环境相似的情况下，企业绩效和成长模式仍然存在差异，导致有些企业能够持续发展，而有些企业无法摆脱"短命"的困扰。因此，如果要解释外部环境或条件相同的情况下，企业仍然出现短命现象，只能深入企业内部进行分析。本章通过分析企业家能力、组织结构和企业文化等这些结构性因素，对餐饮企业成长的内在影响因素以及在不同阶段的作用机制进行分析，揭示餐饮企业组织的演变逻辑和这些结构性因素在企业成长过程中的运作机制。

第一节　创业阶段：人的因素对餐饮
企业成长的影响

　　一个企业取得成功有很多原因，在企业创业阶段，企业需要优秀的领导。企业家敏锐的市场洞察力、丰富的创业经历以及对餐饮企业的热情与执着等，是餐饮企业发展的主体性条件。因为"组织成功的80%取决于决策者，仅有20%依靠下属。因此，企业领导的个人素质和能力就直接影响到企业的运作和发展"[1]。对于创业阶段的餐饮企业来说，企业家的作用主要体现在对市场的准确定位、餐厅门店的选址、产品研发策略以及企业管理等方面。

一 准确的市场定位

在企业创业阶段，创业者的动机必须超越以眼前利益为主的狭隘意识，要承担起创业与今后发展的各种责任和义务。此时，创业者要对所感受到的市场做出反应，至于产品或服务的利润，只是创业者对环境做出反应的反馈。在创办企业之初，创业者首先要有创业理念，洞察市场的某种需求，并对此做详细的市场调研。如果这种产品符合市场的某种需求，那么，许许多多的潜在顾客将接受这种产品或服务。其次，创业者要像一位预言家，他要对自己已经感知，而潜在的顾客自己未必觉察到的需求做出预判。创业者要关心市场应该买什么，而不是它正在卖的东西。这就要求创业者在创业之初有一个差异化的市场定位。"在餐厅开业之前，要对市场进行深入的调查研究，做到精准的市场定位，确定应该服务的顾客服务群，这对于餐厅的成功非常重要。此外，经营一家成功的餐厅，其所需要的条件很多，不过，有了明确的市场定位之后，对商圈好坏要做进一步的评价，因为地点好坏直接影响餐厅营运的成功率。通过商圈调查，可以预估餐厅的坐落地点，可能交易范围内的住户数、消费水准、流动人口量、营业额；通过实地评估，考察就餐的便利性、人的流量、车的动线与流量、接近性、视觉效果等，判断

---

[1] 王晓敏：《成长型中小企业的运行模式》，中国经济出版社2000年版，第390页。

该点是否适合开餐厅店。"① 此外,在进行商圈调查时,创业者还要时刻掌握竞争对象的动态,才能制定切实可行的经营决策。

任何一个企业都必须有明确的市场定位,即有一个明确的目标市场。正如德鲁克所说,"企业家精神是一种行动,而不是人格特征,它的基础在于观念和理论,而非直觉"②。以麦当劳为例,在美国,对快餐市场进行广泛而细致的调查后,麦当劳把市场定位在美国中下层家庭,把适应现代社会生活不断加快的节奏和迎合人们不断增强的时间价值观作为企业的生命,这一定位反映了它的存在价值,也赢得了顾客的心。从全球来看,麦当劳的目标市场是以孩子与家庭、青年、少年等为主。而在中国,经过严密的市场调查和分析之后,麦当劳将孩子定位为第一客户群。麦当劳熟知中国计划生育的基本国策,认识到独生子女在中国家庭中的重要地位,由此市场定位出发,餐厅内的环境设计非常符合孩子的心理特征,让孩子开心,玩得尽兴,并想方设法把他们"稳"在那儿,使他们不愿离开,父母也就只有乖乖掏钱了。除了孩子,麦当劳把年轻人作为自己的另一客户群,麦当劳体现的是一种饮食和文化体验,年轻人在麦当劳就餐,体验的是跨国文化体系。

对于国内餐饮企业的创业者而言,他们的市场定位则各有特点。

　　案例一:"呷哺呷哺"的市场定位。"呷哺呷哺"的贺光启在创办餐饮企业之前,有过丰富的创业经历,也具备了敏锐的市场洞察力。贺光启开始考察快餐市场时,当时的快餐市场

① 倪宁:《麦当劳餐饮攻略》,南方日报出版社 2004 年版,第 46 页。
② [美]彼得·德鲁克:《创新与企业家精神》,蔡文燕译,第 23 页。

基本上由麦当劳和肯德基一统天下。有一次，贺光启应朋友之邀去吃火锅，他惊讶地发现，北京还是煤气火锅或以木炭为燃料的铜火锅为主，而台湾早已流行使用电磁炉加热的分餐火锅。贺光启断言，出于环保和安全的考虑，未来清洁燃料一定会得到提倡。如果能开一家台式火锅店，应该会大有市场。正是看到了火锅可以快起来的潜质，他才决定在这一行业深入发展。由此，贺光启从年销售数亿元的珠宝生意中华丽转身，全身心地投入以快餐火锅为主的餐饮业中。随后，贺光启以每台700台币的价格从台湾购进几十台电磁炉，以此为卖点，在北京西单开起第一家"呷哺呷哺"的门店。贺光启说："在台湾，只要看到'呷哺'，人们就知道是吃的。名字越难念，顾客越容易记住。"于是"呷哺呷哺"这一来自台湾的北京品牌就这样诞生了。

案例二："小肥羊"的市场定位。小肥羊集团副总裁李丽婵介绍小肥羊的创业史时说，"他俩（张钢、陈洪凯）接触社会和市场非常多，每到一个地方就会去吃当地的特色美食，他们发现四川的火锅锅底比较好，但是它涮的东西不如内蒙古的好。于是，二人就萌生了一种想法，如果有一种很好的火锅底料，又不像东来顺那样要蘸着、很烦琐地去吃，配上内蒙古的羊肉，这种吃法一定特别受欢迎"。

案例三："嘉和一品"的市场定位。在创办"嘉和一品"之初，刘京京对餐饮市场进行了分析，根据多年的餐饮从业经验，他总结出了发展的思路，即随着我国经济的飞速发展，人们的工作生活节奏加快，快餐的市场需求必然会越来越大，人们对生活品质也越来越重视，在餐饮上也更加注重营养、健康。因此，刘京京充分发挥中餐的优势，利用她的管理特长和资源优势，致力于打造"中式营养快餐的优秀民族品牌"。她将所创办的餐饮企业命名为"嘉和一品",寓意是"嘉和如家、和贵天下",就是要力争做一个和谐的、一流的民族品牌企业。确定了战略目标后,刘京京开始分析市场,制定经营策略,她把中式快餐与西式快餐进行了对比,发现中餐饮食文化虽然博大精深,菜品丰富,口味多样,但难以标准化。与西式快餐相比,中式快餐企业的管理和营销也存在着很大差距。因此,"嘉和一品"在创立第一家店时,就强调菜品上有所创新与全面的管理创新。

通过以上这些案例,我们发现,创业阶段,创业者不管做哪种类型的餐饮企业,都是将准确的市场定位放在首位。因为真正的企业家创办企业,将考虑并预测到存在尚未满足或者根本没有体现出来的市场需求,而对市场的定位需要通过产品体现出来。这一阶段的创业者更像是预言家而不是企业家。由于能够适应市场需求的服务或产品尚处在发展当中,因此,在产品质量、性能、功用被接受之前,企业必须是以产品为导向的。即便顾客的认知程度与接受程度不够导致产品导向暂时出现困难,这个时候只要有人承担这种创业的责任和义务,企业就会诞生。

二　餐厅门店的选址

餐厅店址选择的标准主要涉及地理、经济、市场和客源四个方面。科学地布点既要以目标消费顾客群为中心,又要兼顾现实和未来发展趋势。此外,要扩张门店,新店选址也是首要考虑的问题。

在呷哺呷哺的门店选址上,贺光启认为,新店需要选在人流量密集的购物中心,目标客户定位于年轻人,吸引年轻人逛完商场来店里就餐休息。除了大型购物中心,写字楼密集地区也是呷哺呷哺的选址重点。白领选择呷哺呷哺的原因一是便宜,二是小火锅分餐干净卫生。这两个特点使得在呷哺呷哺就餐可以算得上是一次小小的商务餐,比请同事或客户吃普通快餐更显正式、方便。在贺光启看来,企业不能一开始就有一个伟大的构想,从新积累的经验中摸索出各种路子,以后可以靠它规划未来、制定出长期的目标和策略。尤其像餐饮行业,市场门槛低,看似容易,如果没有切身感受,制订出的详尽计划,有时候是不符合实际的。

可见,在地段选择方面,餐饮企业不仅要通过良好的产品或服务吸引顾客,而且要在消费便利。这是由于餐饮服务和产品具有生产与消费的共时性,从而决定了餐饮企业的生产场地必须要和顾客的消费场地结合起来。

三 产品研发策略

对于许多企业来说,由构想到创造出成果需要一段摸索期。处于企业生命周期的创业阶段,重要的不在于创业者想什么,而在于做什么。这时企业面临着很多的矛盾和风险,需要创业者的信心和承担义务的决心,以确保获得创业成功。餐饮企业一般需要一年的创业时期,从市场定位、产品研发、投放市场,到产品得到市场认可,都需要一个时间段来保证。创业阶段的主要目标是使企业能在市场上站稳脚跟并生存下来。有了明确的市场定位和餐厅门店选址,下一步就是研发产品,使产品投入市场,并获得市场的认可,在顾客心目中形成一定口碑并吸引回头客。

案例一:小肥羊的产品研发。开业之初,创业者针对底料、配料和食材相结合的问题，在家中进行了反复地尝试。请亲戚朋友每天都到家里吃，然后给出咸淡等评论。最后，结合中医食疗食补原理，把枸杞子、桂圆、红枣这些既是调味料又是滋补品的东西添加进火锅中。

小肥羊的第一家店，是内蒙古包头市昆区乌兰道上的一家不足300平方米的小店。即便如此，刚开业的时候，生意还是比较冷清。这个初始投资30万元的小店，当初的前景是灰色的。开业的时候，他们基本上是请朋友来吃。而且在当时，在包头的黄包车上做的广告就是吃一百送一百。由于促销力度大，在黄包车广告打出去的第三天，小肥羊门口就开始有了排队现象。该现象也成为当地一个风景，由于正值夏日，在包头吃饭居然需要排队，一下子在当地成为口口相传的广告。在20世纪末至21世纪初，"在火锅店吃饭需要排队"，既成为小肥羊在民间的广告语，也成为众多希望事业有所发展的有志者追捧的对象。

案例二：阿瓦山寨通过对比快餐业的发展，找到自己的市场定位，并借助西南文化特色，打造餐饮企业品牌。屈国强将"阿瓦山寨"的服务与千篇一律的高档、豪华正餐店区别开来，融入乡土山寨的风格和西南民俗文化，打造出自己的企业文化。在屈国强看来，餐饮无外乎就是三个因素：产品、环境、服务。所谓的"商务餐厅"或"高端餐厅"，无非是"服务和环境的比例比较高"。因此，屈国强调整了三个因素的比例，给阿瓦山寨设定的指标是：服务占20%，环境占20%，产品占60%。在环境方面，虽然突出了阿瓦山寨的"西南特色"，但更强调餐饮要"聚人气"。正是出于对人气的考虑，阿瓦山寨选择简化服务和环境，而将60%甚至更多的精力用于菜品。在屈国强看来，如果菜做得好吃，客人肯定会吃得满意、吃得舒畅，也不会出现浪费。

案例三：餐厅的店堂设计要具有极强的促销和宣传功能，因为餐厅不仅要使自己的食物有足够的吸引力，而且还要为顾客提供一个和谐舒适的就餐环境。

西贝贾国龙把目光锁定在就餐环境上，他让设计师把窑洞作为主要元素，设计到西贝莜面村里。一个个雅间，被设计成一户户窑洞人家，里面前厅后厨。每个雅间还配上一位特地从西北地区请来的厨娘，穿上特别设计的衣服，作为窑洞人家的主人，招待前来吃饭的客人。在贾国龙看来，西贝餐厅有诸多卖点：西北原料、西北菜，别样的服务仪式，完全西北氛围的环境，以及餐饮过程中可以听到的西北民歌、看到的西北小戏。西贝可谓将原汁原味的餐饮文化做到了极致，为贾国龙带来了不错的生意回报。

通过以上案例，我们发现，在产品研发的策略上，无论是注重产品本身的口味，还是突出餐饮文化的特色，都是围绕产品本身展开的营销策略。这就要求创业者既要充分考虑产品的特色，也要考虑差异化的营销策略，促进企业成长、发展。

由于餐饮企业的发展不光要注重产品或服务，更加注重消费的便利和同时性，餐厅门店的位置对于企业的成长显得很重要。因此，创业者在创业阶段，对顾客群的定位、餐厅的选址、产品的质量、就餐环境的卫生的注重和差异化营销策略，就会成为企业生存的关键因素。

四 "人治"的管理

创业阶段的餐饮企业没有正式的组织结构，缺乏明确的规章和制度，经营活动也没有什么程序或预案。企业里的大多数人，包括总经理在内，都要出去搞销售，即所谓"大家都行动起来"。在组织结构和管理制度方面，由于处于初创阶段规模小、起点低，各种契约关系简单，创业者的想法相对单纯，只要企业能生存下去就行，整个企业管理很灵活，都是因时制宜、因事制宜。

此时，企业的一切运营都在探索中，缺乏经验管理，在产品研发、销售、就餐环境、服务或财务计划等方面难免出现一些差错，有时还会犯致命的错击。由于大多数餐饮企业是小成本的经营，没有多余的资金和人力去建立健全各项规章制度和标准化运营体制，所以遇到问题时，往往凭经验去解决。具体管理主要以"人管人"的方式为主，人情关系很浓厚，但也会产生矛盾与冲突。

正如比格餐饮企业赵总所言：餐饮企业的发展主要采取"自下而上的结构模式"，即先发展餐厅门店，等门店的资源逐渐积累起来以后，再建立相应的总部和物流配送中心，比格餐饮企业在刚开始时没有实际的总部，而是在餐厅办公，后来就成立了办公室。他认为："从开始就一直在遵循一种模式，也就是从 2002 年开始，采用麦当劳的经营模式，只是自己有点创新，主要是在市场定位上有所不同，主要针对小白领，做自助比萨。开店的时候，就有店经理、财务、老板，只是没有具体地被分化出来。比如马总做采购，我当时做外面的营建、开发、市场等。"到目前为止，比格公司也没有真正地引进职业经理人。他说："从我的角度而言，要想经营一个餐饮企业，把它做大做强，是需要靠时间来积淀的。目前来看，能叫得上名字的餐饮企业，都已发展了二十几年。我认为，至少餐饮企业在十年之内还不能称为一个餐饮企业，可能还是个饭店。真正能算得上是餐饮企业的，至少要有十年以上的积累和发展。首先是战略定位，就是核心理念，采取什么样的经营模式，然后是发展连锁经营，凝聚目标，目标要可持续，如果这个目标不可持续，如果没有市场，这家企业将会倒闭。经营企业的时候，有没有长期的目标和长远的规划很重要。

企业要在创业阶段取得成功，创业者就必须非常热情和执着，并有积极向上的进取精神。由于这个阶段的企业要为生存而努力，因此，遇到事情要尽快做出决定。此时的企业没有什么可靠的经验可循，也没有可以借鉴的东西，谈不上什么规章制度。所以，许多决策都是第一次涉及，公司的管理也就只能是由危机到危机的管理。在这种环境下，创业团队一定要行动起来，企业选择以工作为重的人是自然而然的事。此时，企业生存所需要的艰苦努力、全力奉献的精神，反倒激发了创业者的兴奋感和自我实现感。在这种情况下，没有头衔，没有组织结构图，也没有等级观念。此时的企业在产品和市场两方面，都缺乏制定比较现实的长远目标、规划和策略所需的经验，它所拥有的只是远景、梦想。

企业的决策权高度集中，由创业者个人裁决。由于没有组织结构，也没有等级观念，创业者的进取精神、开拓精神和创业团队的核心人物对企业的发展影响很大。这时创业者不能过早地授权，因为其他人不一定像创业者一样擅长这项工作，像创业者一样做出果断的决断。缺乏授权并注重短期效果是企业得以生存的关键。当然，在企业生命周期的下一阶段，企业相对稳定了，也有一定的经验可循了，可以考虑授权。从企业文化角度看，企业成员之间的个人关系所面临的主要问题，是如何相互熟悉、相互承认以及明确相互关系，消除因陌生而导致的忧惧情绪，形成相互的依赖感。

很多企业家的个人能力铸就了一个个成功企业，但企业家自身所具备的精神和品质发挥了更大的作用。与企业家纯粹的个人能力相比，企业家作为一个领导者，更应该做的是充分激发员工的创造性，发挥每一个员工的特长，利用企业的集体智慧去战胜企业成长过程中的困难，企业家不光具备领导能力，同时也应具备管理人力资源的能力，从而实现从"一己之力"到"群策群力"的转变。因此，相对于企业家的个人有限能力而言，激发员工集体无限的能力，对企业的成长、成功来说就显得更为重要。一个具有充分的人格魅力和影响力的企业家，对创业阶段的餐饮企业而言，才是真正成功的企业家，才能最大限度地增强企业在发展过程中所具备的弹性。

第二节　成长阶段：组织结构对餐饮企业成长的影响

制度是由符号性要素、社会活动和物质资源构成的持久社会结构，是由规则性、规范性和文化——认知性要素构成[①]，具有维持稳定和秩序的功能。在斯科特看来，制度的建构、维系和变迁，往往是与回报递增、承诺递增和日益客观化、制度化相关的。餐饮企业作为组织的一种形式，本身就是制度化过程的理性结果。餐饮企业的成长是一种变革，是质变而不仅仅是量变，在此过程中，制度化由隐而显，不断得到维系和扩散，并伴随企业的成长而逐渐走向成熟。因此，企业家和管理人员必须随着企业的成长而成长。

在企业创业阶段，企业管理以"人治"为核心的经验管理方式，虽然没有一套企业组织制度，但是在创业者和员工的内心，有一套约定成俗的规则约束着员工的行为。对于成长阶段的餐饮企业来说，企业的管理方式需要从"人治"向"制度"转型，这一阶

---

① ［美］斯科特：《制度与组织——思想观念与物质利益》（第3版），姚伟等译，第56—57页。

段的发展重心应放在建立管理系统上。尽管企业在不断完善管理和规范方式，但是企业成长的速度往往会超过企业管理系统完善的速度。从组织结构角度看，企业要明确谁应该做什么或不该做些什么，各项工作应该有效配合。如果不引入规章制度，完善管理系统，创业家本身也可能成为企业发展的障碍。同时，创业者也要转变观念，从创业型企业向管理规范企业转型，建立健全各类制度，对每个职能部门的职责进行细化，不断增加职责结构。

一　多样化的经营管理制度

在扩张的道路上，选择加盟还是直营是每个餐饮企业都会面临的问题。直营店投资大、所需人员多，扩张步伐相对缓慢，但便于总部统一管理；加盟店对于总部来说投资小、所需人员少，易于迅速扩张，但在统一管理上有难度，而且有可能出现纠纷。"中国餐饮业大致可分为传统手工技术型和现代工业化规模两种：前者厨房聘用的是专业技术的厨师，菜品的水准取决于厨师的技术，是以厨师手艺的高低来决定酒楼的兴衰，是一种自产自销作坊式的餐饮模式。后者的餐饮模式是各种原辅料和加工机械全部由各类食品加工专业厂商提供，厨房工人按照规定操作，并不掌握核心技术，核心技术由企业专业部门控制和研发。"[1] 比如开一个面馆，如果用传统的餐饮模式，一定是自己买原料、自己制面、自己洗菜、自己烹制，总之从开店到采购、制作到经营，一家全包了，并认为这样做最省钱，不考虑合作，所有的钱一家全赚了。而用现代化的餐饮模式开面馆，则将面馆视为零售店，开店的企业一心只考虑开店经营（选址、店面管理、服务培训和维护好自己的品牌等），而产品的原料制作、机械供应和研发交给合作伙伴（供应商）来完成，有钱大

---

[1]　任宽：《运作中国餐饮产业》，经济管理出版社 2006 年版，第 2 页。

家赚，实现共赢。随着社会的发展，餐饮经营模式也有了更新，正是这个分工合作和不断标准化的过程，使得餐饮企业经历了创业阶段的成功之后就会采用不同的方式进行扩张，开拓市场。

（一）直营连锁

直营连锁是连锁公司总部全部投资或者部分投资开设连锁店，在总部的直接控制下，开展统一经营。直营连锁餐饮门店一般都是由餐饮公司直接进行经营管理。直营连锁的优势在于，总部可以获得全部或者大部分的利润。劣势就是不利于企业快速扩张，抢占市场，承担的经营风险也较高。[①]

例如，吉祥馄饨初期是直营业务。当时创业者先后开出两家门店，一开即火。30 多平方米的门店，用工和房租成本为每月 1 万元，每月的营收有 15 万元，毛利率达 60%，一月净赚 8 万元。随后，又开出四五家门店，利用大一点餐厅的厨房作为概念中的"中央厨房"生产配货，提供给其他的门店。

（二）加盟连锁

加盟连锁式经营实际上也是一种异地新建门店的扩张方式，它利用了特许经营这种方式，使不同的利益主体结合在一起进行发展。特许经营方式是一种比较奇特的资金与品牌的双赢联姻。经营的一方出品牌使用权、经营管理模式、质量标准、服务标准、价格标准和人员培训；另一方则出资金、人员和设备，并有偿使用对方的品牌和服务。对于特许授权者来说，不必参加连锁店的具体管理工作，可减少资金和人力资源投入，以最小的资本和风险进行扩张，使企业可以迅速占领市场，增加企业的品牌价值。一般而言，

---

① 陈玉伟：《餐饮企业连锁营销》，中国物资出版社 2011 年版，第 10—11 页。

当企业直营取得成功以后，开始摸索特许加盟的模式，例如阿瓦山寨餐饮。

2003年，阿瓦山寨的第一个餐厅门店在咸阳开业。因为按照当时的《商业特许经营管理办法》规定，要做特许必须经营一年以上。阿瓦山寨在一年之后，才开始进行大规模的特许经营。屈国强回忆说，"到2004年的时候，我们觉得自己内部的一些东西，比如管理办法等，都做得差不多了，希望加盟的人也很多，全国各地到处都有。"而阿瓦山寨的"特许经营"得以顺利推进，也与屈国强之前的餐饮业经验有关。"我们之前开'香辣蟹'的时候，就有很多人要加盟。那时候，我们没有采取加盟的方式，主要是因为我们觉得自己还不够格，所以就用了一种'技术转让'的形式，就是我把'祖传秘方'给你，你给我5万块钱就可以了。"屈国强说："后来我们要做阿瓦山寨的时候，我就把这些合作伙伴全部找来，当时我就跟他们讲，'最初收你的钱我全都退给你们，因为我以后不能给你们提供服务了。现在我把做的方法给你们，你们可以自己去搞'。当时，这些人就跟我说，希望我新开的餐厅，他们也能加入进来开一个。"阿瓦山寨的全国性拓展主要是通过"特许加盟"实现的。"我们先在陕西开，开到十个八个店以后，开始向饮食习惯比较接近的河南和山西开放。然后是山东、河北、安徽，再慢慢地进入江苏、浙江、福建、东三省。"让他颇感意外的是，阿瓦山寨在陕西之外的扩张速度和顺利程度均超越了他的预期。与遍地开花的特许加盟店相比，总部也在不断调整。屈国强说："在经历不断的尝试以后，胆子也就变大了。在此过程中，总部也相对比以前变得强大了，随之对这个市场的把握程度也就不一样了。"事实上，阿瓦山寨目前门店最多的省份并非陕西，而是江苏、浙江和福建。其中，仅仅江苏地区就有大约 40 家门店。而且江苏门店的人均消费额比陕西高出十几块，因为"同样的菜单，他们会点贵的"。那么，仅仅有 4 家直营门店的屈国强，又是如何掌控这个百倍于自身的餐饮帝国呢？谈起这个问题，屈国强首先提到了经营方式的思考和转变。"我们做阿瓦山寨的时候，就有了一些思考，就是我们不能再像以前那样，通过'锅底秘方'来控制经营方，我个人认为，那是一个比较低级的控制方式。人和人之间不能控制他的行为，关键在于先进的经营理念。"屈国强说："人家都说，全世界最大的连锁企业是宗教。原因是什么？因为大家都念同一本经，这是关键问题。"在餐饮企业中加盟方和总部之间本身就存在着难题，对此屈国强说得很直率："我没有祖传秘方，我又不能让你离开我，你一旦离开我就会很难受，你不听我的话，我也会很难受。"站在加盟商的角度来看，"人家加盟商付给总部这个钱，价值到底是什么？"

对这个反思，屈国强总结为两点："第一，加盟商经营餐厅会比较通畅、顺利，犯错误的机会比较少。第二，加盟商在经营平台上得到了别人最大限度的尊重。"他说："如果我做了一个赢得别人尊重的平台，这时候，他如果脱离组织，当然会觉得比较不舒服。"那么，如何做到这一点呢？具体而言，阿瓦山寨总部对菜品的管理，主要是通过两种"相对标准化"的方式进行的：第一，产品相对集中在某些品类里面；第二，总部会有大量的、指定的厂家供应半成品给门店。但是，对于"正餐"餐厅来说，厨师的标准化，是最难，也是最关键的一环。因为屈国强清楚地知道，"中餐，最吸引全世界顾客的就是口味"，而口味是与厨师的烹饪过程关联度极高的。"中餐的口味，依赖于熟练的工人才可以完成，要有一定经验的人才可以完成。如果仅依靠标准化的菜谱，就认为任何人都可以做中餐的话，那么这个行业就没办法做了。厨师这个行业注定是很有专业性的。"屈国强说。为此，阿瓦山寨在湖南设立了一个厨师学校，专门招聘熟练的工人进行培训，分级考核后派到各个门店。在具体的人数安排上，则尽可能地满足门店对厨师的需求。"一个门店的厨房可能有 20 个人，其中 10 个人，可能都是我派过去的。"

其实扩张的方式有多种，是选择直营还是加盟，有多种原因。企业为什么要做加盟？第一，缺乏资金；第二，对自己的产业没信心；第三，发展能力有限。一般加盟店是在首家直营店取得成功之后，开始选择加盟的，即由加盟者向总部支付一定的加盟金和保证金，原料向总部采购，由总部辅导店面经营的运营管理模式，门店的所得利润全部由加盟者所有，总部不参与利润分成。对于很多在创业初期资金实力不够雄厚的连锁餐饮企业来说，这几乎是个必然的选择。事实上，一般外资和台资企业进入大陆以后，基本上采取直营的方式，必胜客、肯德基、麦当劳、味千拉面等一些成功的餐饮品牌，主要采用的是直营模式。从全球来看，大部分成功的连锁店也都采用的是直营模式。

而中国现代本土化的企业，如果扩张资本不足，多半会采用加盟的模式，这样可以达到很好的资源组合。但是由于加盟过多，后续的管理和产品创新跟不上就会出现失控的现象。如果企业自己有实力，一般都会选择直营，管控效果好。

二 标准化和规范化运营管理

正如有的学者对我国餐饮行业所作的阶段性分析那样，我国餐饮企业按照标准化、规范化运营，需要经过几个阶段。"选项——

打开市场——标准化——工业化——形式分工合作进入零售业。"①
第一阶段（选项），不是所有的中餐都适合。第二阶段（打开市
场），市场销售是最紧要的问题，如果没有市场，后面的工作没有
必要再进行。很多投资家将第一阶段和第二阶段合二为一，以收购
的方式来完成，如肯德基、必胜客等。第三阶段为标准化阶段。当
餐厅的菜品很受欢迎时，最重要的是将其品质稳定下来，对产品的
各项指标进行系统的标准化。第四阶段为工业化阶段。当餐厅的菜
品标准化以后，各项指标都形成了稳定的数据，这样的工业化生产
就相对容易了。第五阶段为进入零售业，完成分工合作。市场是在
不断地发展的，经营者不可能面面俱到，他们必须做好市场开发和
品牌推广，这时一定要有合作伙伴来帮助他、协助他。这五个阶段
是未来中餐饮行业走现代化道路的一条必经之路。

企业要想做大做强，实现百味一店，统一配送，严格的标准化
管理是餐饮企业的最大特色，也是其成功的关键。作为饮食业，质
量是关键，为了做到质量合格，首先是严把进货关，与此同时，对
原料的标准要求极高，为了达到高品质的目标，需要制定严格的餐
饮标准和食材供应标准，例如西贝餐饮的标准。

贺光启认为，标准化工厂最大的特点是制度，进出货、菜品、
运输渠道、安全库存等因素归结起来都要与制度紧紧相扣。为此，
他设计了一套严格的标准化流程，从源头上把握。此外，他专门聘
请厨师针对北方人口味研制了多种调料，并邀请消费者免费试吃，
进行比较选择。他认真听取食客的反馈意见与建议，经过无数次的
反复调查与实验，最终研制出了现在颇受消费者喜爱的麻酱调料。
有一年内蒙古发生雪灾，为了保证原材料牛羊肉的品质，他率队冒
着大雪开车到内蒙古寻找优质货源。他们挨家挨户敲门，走进一个

---

① 任宽：《运作中国餐饮产业》，经济管理出版社 2006 年版，第 38 页。

个厂房看有没有库存、考察产品质量。然后租车从内蒙古全程押运到北京，保证了门店牛羊肉的有效高质供应。如今，贺光启在中国快餐业已摸爬滚打十多年，呷哺呷哺门店超过 280 家，2011 年总销售额已突破 10 亿元。"干净、快速、方便"是消费者选择呷哺呷哺的原因，贺光启为呷哺呷哺创建了一套严格的门店供应链流程，收菜方式、储藏地点、下单流程、传菜路线，一切工序流程严丝合缝，俨然是一条工厂流水线。工作流程能够最大限度实现快餐连锁的标准化、降低服务误差率。小到门店水电路设计，大到供应链设计，身为老板的他亲力亲为。贺光启说，建立起第一家标准化门店的模板，其他的门店就可以纷纷仿效。有了总仓和中央厨房系统，以及集中采购和标准化的连锁门店管理网络系统，再加上 280 家门店的规模，呷哺呷哺的连锁发展就步入了快速扩张时期。

嘉和一品从拥有 6 家店时便开始建立设有化验室的中央厨房，在食品安全上严格把关，并开始摸索标准化生产模式。当时，在不算场租和设备、车辆费用的情况下，中央厨房和配送仅在人工方面就会多出 60 多人的开支。但刘京京坚信要想做好品牌企业，实现百店一味，就一定要做到标准化、工业化生产。经过 6 年多的执着努力，嘉和一品至今在北京的十多个城区的所有直营连锁店，已实现了 85% 以上的标准化配送。从 2004 年嘉和一品创立以来，不错的经济效益吸引了众多慕名而来希望加盟的企业。但是，刘京京要想做好品牌连锁，就一定要有一个很好的管控体系，而加盟店的管控无疑是个难题，也很难保证各个加盟店都能实现百店一味，嘉和一品最终没有选择加盟这条路。实际上，嘉和一品在拥有 6 家门店的时候是最困难的时期，而正是在这一时期其建立了中央厨房配送中心。直到 2007 年嘉和一品的门店开到了 10 余家的时候，这个中央厨房基地才实现营收持平。中央厨房配备了 60 名员工，嘉和一品的每家门店仅减少一人。对此，刘京京的解释是，因为我们要做连锁，就要做到百店一味，所以，要统一生产，集中配送。

例如，麦当劳的"QSCV"原则，即"质量、服务、清洁、价值"，它是对麦当劳经营方针、管理观念、运作要求、企业精神的高度概括和艺术浓缩，也是麦当劳数十年来在竞争异常激烈的世界快餐业长期立于不败之地的制胜法宝和成功秘诀。准确地把握顾客的真正需求是麦当劳建立与顾客良好关系的第一步，而能否长期有效地满足顾客的需要才是这种关系存在和发展的关键。麦当劳不但坚持不卖品质不达标的食品，而且为了让消费享受到最佳口感，不仅有一个高度自动化的饮食服务系统，同时也有很高的质量标准，在世界各地所有的麦当劳餐厅执行同样的标准。各分店按同一标准经营，做到同步发展，不让一家分店损害整个体系的形象。为了保证产品质量，每家餐厅的食品都由公司提供，全套装备按总部统一的设计样式建造，每一样都有利于高度自动化的服务，从而保证了世界范围内各分店经营风格和设施的统一。麦当劳非常重视食品制作的规范化和系统化，要求所有的加盟者出售的食品、饮料及服务品质是完全一致的，要求所有快餐店制作的口味、质量甚至大小都一样，而且建立专门的肉类、蔬菜和餐具供应系统，遵守统一的规范。[1] 现代餐饮业的生存哲学就是优质服务，严格的标准化管理、为优质服务提供良好保障，成为餐饮企业盈利与否的关键。

三 制度管理阶段

"制度"通常指稳定重复的、有意义的符号或行为规范，包括正式组织、规章制度、规范、期待、社会结构等（周雪光，1999）。通过认可、鼓励与惩戒，制度减少了社会的不确定性和风险，使人们形成稳定的心理预期，促进信任生产（Zuker，1985）。然而，制

---

[1] 倪宁：《麦当劳餐饮攻略》，南方日报出版社 2004 年版，第 67 页。

度化是一个过程，制度化是在组织的历史进程中发生的。组织的制度化反映了组织自己独特的历史，反映了这个组织中的人们、组织所代表的群体及其既得利益，还反映了组织适应其环境的方式（Selznick，1957：16－17）。在组织的制度化过程中，制度不仅仅是信任建立的重要基础，更是信任的对象（房莉杰，2009），有时候，对制度的信任本身也需要建设。人们相信，经由制度产生的信任比经由个体特征或互动过程而产生的信任更广泛、更持久（Zuker，1985），因此制度要素往往被看作信任产生的根本机制，得到了更多关注。[①]

一般而言，一项制度之所以能够维持，主要受四个因素的影响：（1）制度一旦形成就会给特定个人或群体赋予特权，这些特权者会努力使制度延续下去；（2）即使组织成立时的情境已发生变化，组织成员为维护自身利益也会倾向于维持现状；（3）制度变革需要与其外部环境保持一致，这就可能使其受到既有组织和制度的阻碍；（4）即使新制度会给多数人带来好处，但变化成本和不确定性也将导致既有制度的固化倾向（Ikenberry，1988：223－224）。因此，规章制度并不总是理性选择的结果，或者是组织演变经验的积累总结，而应看作一种组织在历史过程中发生的事件和制度化的变量（斯科特，1995）。

餐饮企业作为一种组织的形式，其企业的规章制度也是在企业组织制度化过程中体现出来的，并非从一开始就产生的，如前所述，这些制度是在企业发展到一定阶段，才逐渐被制定出来的。在餐饮企业的创业阶段，是没有一套明确的规章制度的，或者说是不需要明确的制度。因为过早建立的制度非但对企业发展无助，而且会对行动者（企业家）的行动产生极大的制约作用。因此，创业阶

---

① 郑丹丹：《互联网企业社会信任产生的动力机制研究》，《社会学研究》2019 年第 6 期。

段往往是以企业家的个人决断的形式即以"人治"的方式管理企业的。之后随着餐厅门店的不断扩张，才会逐渐建立与之相应的管理制度。这时候，随着企业的发展以及步入正轨，必须建立并完善相应的规章制度，以利于组织结构的发展，明确什么事不能做。在上一阶段人们所承担的责任和任务是重叠交叉的，企业可能会有一张组织系统图，但是如果部门之间权责不明，甚至分工也不明确，这时就需要建立创业者和员工的管理制度，使餐饮企业向制度化管理转变。

（一）企业家向职业管理人员的转变

随着企业的成长，创业者也要跟着成长，但在成长的早期阶段不能分权，有效的分权必须要有一套相应的控制制度与之配合。分权产生离心力，而企业此时所需的是向心力，过早授权或引进职业经理人，管理者就会对企业失去控制而有效的规章制度可以发挥向心力的作用。当企业需要成长时，引进职业管理人员会改变企业的领导风格。新的企业领导应该创立制度，制定一套劳动报酬制度规定，重新确定各种角色和责任，并完善一系列的规章和政策制度。

因为这时企业是围绕人来组织，而不是围绕工作本身进行组织的。企业以前是按照缺乏规划的方式成长，它只是对各种机会做出反应，而不是有计划、有组织、明确定位地去开发利用自己所创造的未来机会。这时不是企业在左右环境，而是受环境左右。当经历许多失误和管理上的不便时，企业意识到需要完善一整套规章制度来明确战略规划。如果没有完善的组织架构和管理制度，在迅速扩张过程中，企业很容易陷入"创业者陷阱"或"家族陷阱"①。企业的发展经过成长阶段以后，群体成员才能基本达成共识即合作胜

① 所谓"创业者陷阱"是企业在从创业期到早期的扩张期过程中，出现"创业者即企业、企业即创业者"这种合二为一的经营管理与组织模式，会妨碍企业的开放性成长和健康扩张。

于相互竞争。企业内耗开始大幅度降低，从而进入了发展壮大阶段。如果一个餐饮企业要想成长或可持续发展，从"人治"向"制度"管理的转型是非常必要的，以前那种以经验管理为基础的友情和约定俗成的规则管理逐渐不能支撑和适应企业的发展，尤其当企业快速成长时，需要招聘许多员工，对相关事物和运营流程进行标准化和规范化管理，无不迫使企业从"人治"向"制度"管理过渡。这些制度需要随着企业的发展不断完善，不能过早地设计出一个完善的制度体系，也不能从始而终都采取人治的管理。

比如在海底捞企业成长过程中，先是张勇让在法律地位上跟自己平起平坐的股东、最忠诚的死党、20多年的朋友，同他一起创建海底捞的施永宏下岗了。作为朋友，张勇并不厚道；而作为企业家，张勇是优秀的。海底捞要想成为一个现代化的企业，就必须解决家族企业创业者天花板的问题。用张勇自己的话说，理念上，必须达成一致，否则就不会走得更远。事实上，张勇的两个弟弟也都曾在海底捞干过，但最终也因不符合张勇的标准，被张勇辞退。究其原因，张勇认为：很多人组合在一起做事情，如果每个人都很有理想，不计个人得失，任何事情就能干成，这是最好的。但是，并非每个人都有理想，或许他在晚上睡觉的时候有理想，早上起来的时候就变得很现实。这种情况下，没有理想的动力，就需要压力，而这种压力得通过管理的措施来实现。

绿茵阁餐饮企业是一个西餐企业，也是典型的家族企业。当企业进行连锁扩张时，林氏家族的姐弟在绿茵阁内部开始彼此竞争，摩擦不断。后来姐弟二人都退居二线，为"空降兵"让道。2003年12月，绿茵阁迎来一位在美国留过学的CEO，将两套管理系统整合，十几年的老员工面临被裁员，这一点，新来的 CEO 毫不手软。为表示信任，绿茵阁管理委员会也给予了支持，以人事管理为核心的组织架构很快在绿茵阁形成了，不过，它并没给绿茵阁的财务状况作出贡献。4 个月内，绿茵阁的利润下降了一半，林家人在企业经营中"去家族化"的信心并没有改变。林欣认为，去家族化是绿茵阁发展过程中一定会经历的阶段，每个阶段需要不一样的管理层。企业创立和起步的时候，需要跟随型的管理层，就是听老板的，需要的素质是经验、跟随和忠诚，这三个东西很重要。而后期的发展就需要策略性的管理层了，必须要有这种策略思维。2004 年12 月，又一位职业经理人走上前台，曾经是绿茵阁供应商的张智强从顾问变身为绿茵阁的副总裁。张智强具有管理学博士学历，并且清楚绿茵阁的问题所在，他没有裁多少员工，而是建立了一个以营运为中心的扁平化管理系统。所有的后台系统都归营运部管，而营运部直接对接各家分店。管理系统变化后，绿茵阁总裁办在第二天上午 11 点就可以知道前一天的营业额，这在以前是从来没有过的。短短几个月的时间，绿茵阁的利润超过历史最高水平。

一个餐饮企业的做大做强离不开优秀的核心团队，随着企业的成长和规模的增长，创业者的能力已经无法做到事事在心了。由于企业结构不断地分化，老板就需要放权，并培养核心团队人员，进行分工协作，当员工越来越多时，除了制度能够起到规范管理外，创业者以身作则的精神融入企业的文化中，可以塑造和巩固企业的核心竞争力。

（二）员工的管理制度

企业之间的竞争归根到底是人才的竞争，餐饮业表现得尤为明显。拥有了高素质、高满意度的员工，在很大程度上就拥有了高质量的产品和服务，企业的核心竞争能力就得到了保障。员工是企业获取竞争优势的源泉，当他们提高了公司效益时，当员工发现降低成本的方法，为消费者提供了极好的服务时，或者两者组合时，其价值就增加了。对企业而言，要形成新的激励机制，就必须形成一套责任清晰、职权分明、信息通畅的制度体系，以规范个人在企业中的行为。

例如，在海底捞激励机制中，与组织架构和考核相关的是晋升机会。对门店的管理者而言，在考核报表上，不会因为某人将人均贡献做到5，他人将人均贡献做到3，公司就会提拔前者。而是管理者将业绩从5变成6，把3变成4的时候，才会得到提升。同样，工资收入也与教练组的考核相关。海底捞的门店分为A、B、C三类，门店进入B类就会进入考核标准范围。这时候，门店出现的1类员工、2类员工乃至优秀员工的数量，与门店管理者的收入相关。A类门店的管理者，拥有开设分店的权限，开的分店越多，收益也就越高。同时，A类门店开出的分店业绩，也与前述该A类门店管理者的收入挂钩。

海底捞试图通过这种减少层级的办法，将其崇尚的服务文化的标准化有效复制。但是，海底捞也希望员工可以自己创造性地解决问题，而非通过说教的方式去工作。"我们试图突破这么一个范畴，但是能不能突破我自己也不知道，这是我的想象。"张勇称，现行的管理架构对于他而言，或许仅是一个过渡过程。他表示，"我自己没有能力一开始就设计出一个制度，它能够既适合我个人，也适合我的12000名员工。制度始终是变化的，唯一不变的就是基本理念"。事实上，正是在这一不变的基本管理理念之下，海底捞才可能在成长的烦恼中走得更远。

如何解决新店的人员配备是一大问题。餐饮连锁经营是人才竞争激烈的产业，低素质的管理人员不可能操纵大规模的连锁商业体系。连锁经营企业要求员工不论是企业的运作、商品的采购、现金的收支，还是对顾客的服务方面，都要具备连锁经营的专业知识，特别是管理人员尤其如此。如图 5-1 所示，在比格公司的人才模式中，组织中的层级分为六级：一级组织——总经理、二级组织——公司各团队（副总）、三级组织——团队下的各部门、四级组织——营运部下属营运经理或大区域、五级组织——区域经理、六级组织——餐厅管理组。

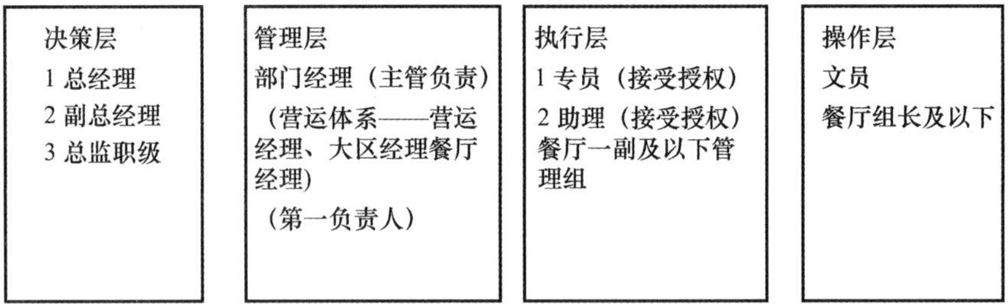

决策层	管理层	执行层	操作层
1 总经理 2 副总经理 3 总监职级	部门经理（主管负责） （营运体系——营运经理、大区经理餐厅经理） （第一负责人）	1 专员（接受授权） 2 助理（接受授权） 餐厅一副及以下管理组	文员 餐厅组长及以下

图 5-1 比格四层人才模式

通过调查比格公司我们发现，一个新店起码要有 5 位培训好的干部：一位店长，两位副店长，两位助理店长。如果这些人员都没有培训好就贸然开店，是有很大风险的。如果店长的人才培训还没有到位就开店，整体的服务品质一定不高，反而会让原来的品牌受损。扩张可以有效地发挥餐饮企业的品牌效应，增大盈利规模，但这当中如果部分门店的管理跟不上，企业就很可能被这些盲目扩张的门店拖入困境。在餐饮企业普遍面临管理人才匮乏以及流失严重的问题时，靠挖人是难以长久的，只有创造出自己的人才养成机制才能促进企业健康发展。具体地说，就是要让引进来的一个服务员，日后能变成管理干部，这才是方法。因为毕竟基层的员工好找，干部不好找。目前，在比格公司处于核心领导团队的成员，基本上是跟随比格成长十年的员工。比格对这些员工提供多重关怀，以此提高员工对公司的向心力。比格公司认为，员工需要的是一种家庭式的关怀，很多外地服务人员来到大城市，其实很需要公司同事的关心。当所有的店长都愿意去关心自己的员工，门店的业绩就会好。随着企业的成长，比格在总部层面和运营层面形成了一套升迁路径。如图5-2所示。

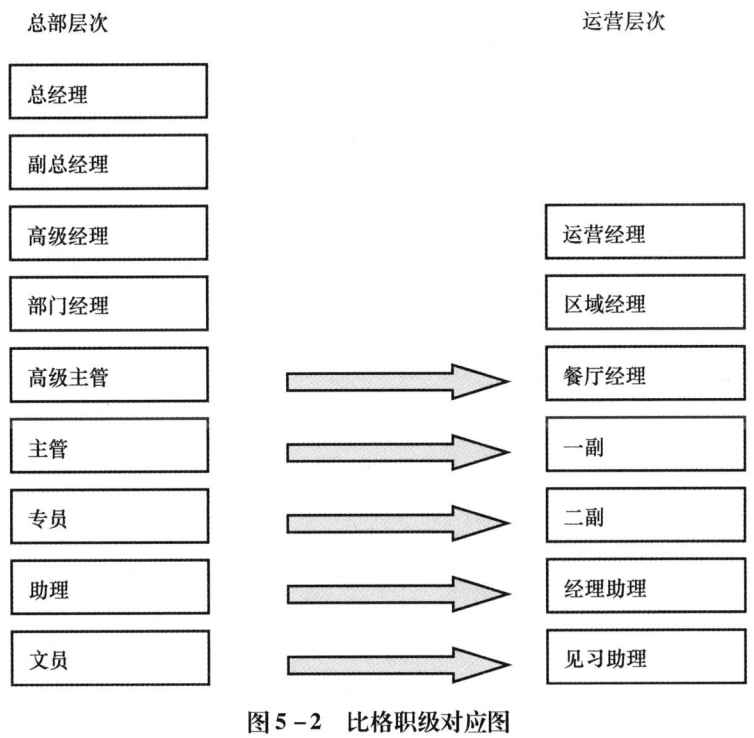

图5-2 比格职级对应图

在比格公司的职位晋升路径中，主要包括以下阶梯。1. 总部行政人员晋升阶梯。总裁：制定整个公司的战略；总经理：对公司全局业务全面负责；副总：负责公司运营、日常行政事务工作，跟踪总监工作的完成情况；总监：协助公司领导制定相应政策，并促进企业经营目标的达成；经理：协助部门总监做好部门内的日常行政与事务工作；高级主管：有计划地协助上级领导并负责职能内的工作；主管：岗位和专业要求，协助上级领导并负责职能内的工作；专员：有较强的专业技能并协助主管完成职能内的工作；助理：协助上级领导保障公司的运营；文员：公司总部初级职位。此外还给一部分店长、区长外出考察和学习的机会，作为一种奖励，并给予丰厚的待遇。这种亲情加规则的管理方式，正如赵总所言：让员工觉得这家公司实在太好了，同事之间就像一家人一样，把伙伴当家人，公司的福利标准也很好，去外面跟人家讲，在这里上班很有面子，觉得你的公司不错。

2. 对比格公司运营层面的管理，一个理想的升迁路径是：通过试用员工，分星级培训、考核、晋级。（1）试用员工：学习两个工作站的理论知识及实际操作，员工考核达到良好以上。（2）一星员工：满一个月、100% 通过任一区域的两个工作站的鉴定考核，员工考核达到良好以上。（3）二星员工：再满三个月、100% 通过任一区域的四个工作站的鉴定考核，员工考核达到良好以上。（4）全星员工：再满三个月、100% 通过任一区域的所有工作站的鉴定考核，员工考核达到优秀，具备一定的带训、管理潜质，可作为餐厅待发展人员，是岗位标兵，不具备带训或管理潜质的，可作为餐厅骨干力量。（5）员工组长：与特训组职级相同。通过训练员课程考核，具有一定的管理潜质，爱岗敬业、具备良好的沟通和团队合作精神。（6）特训组（不低于 6 个月）：通过训练员课程考核，100% 执行操作标准并严格按照训练四步骤进行带训工作（不低于 6 个月）。（7）见习资格：员工组长岗位工作 6 个月以上，能完成本职工作。在店经理给予工作鉴定后，可以申请晋升。由区域经理做区域值班管理考评，必须达到 80 分以上。在特训组岗位工作 6 个月以上，能完成本职工作，在培训督导给予工作鉴定后，可以申请晋升。（8）见习助理：店面自行安排工作站计划，由区域经理考核各工作站，100% 通过后将考核卡上传培训部，由营运总监审核批准后直接晋升。（9）经理助理：完成经理发展手册Ⅰ，熟悉值班流程、应用值班表格、成本核算和至少一个行政系统（建议餐厅人事系统）。接受初级营运管理课程培训且成绩合格，完成一个课后目标。由区域经理进行值班评估，不能低于 85 分。通过后由培训部面谈提问式考核，面试通过晋升。（10）第二副总经理：助理职级满 6 个月，完成经理发展手册Ⅱ，通过订货、设备、排班三个系统的工作考核；其所负责的专项稽核检查必须达到 85 分以上。接受中级营运管理课程培训且成绩合格，完成两个课后目标。由区域经理做 QSC 考评，必须达到 80 分以上。通过后由培训经理进行面谈提问式考核，面试通过可以晋升。（11）第一副总经理：担任第二副经理 6 个月以上，完成经理发展手册Ⅲ，能完成餐厅培训工作；单站连续三个月 QSC 达到 B 级，能完成餐厅各种表格制作。由营运总监、培训经理面谈提问式考核，面试通过可以晋升。（12）餐厅经理：担任第一副总经理 6 个月以上，完成经理发展手册Ⅳ的全部内容，熟练掌握餐厅所有行政系统工作。接受高级营运管理课程培训且成绩合格，完成两个课后目标。能完成餐厅各种表格的审核，处理餐厅的外联事务。由营运总监、培训经理进行面谈提问式考核，面试通过可以晋升。（13）区域经理：追踪所管辖餐厅的运营状况，追踪餐厅经理各项工作的完成，督导并保证餐厅的正常运营。

当员工晋升的例子在公司里出现时，其他的年轻人就能够看到他的未来，知道他将来的规划是和整个公司的成长结合在一起的。比格的赵总对此很自豪地说："根据你人生的规划，你的收入慢慢增加，改善你的生活品质，你的未来可以有股票，可以买房子、照顾家人，这些你都可以在比格实现。"这样一来，员工有明确的目标，便能充满干劲，向着目标努力前进，最终实现自我价值，完成自己的梦想。对于任何一个企业来说，人才在竞争中是至关重要的，在选聘员工时企业看中的不是员工的背景与学历，而是不怕困难、有毅力、踏实肯干的品质。企业最重要的资源是人力资源，人的活动创造了一切，是决定企业成败的关键。

第三节　成熟阶段：企业文化对餐饮企业成长的影响

当企业转型为管理规范的企业，即有组织结构、管理培训的制度和运营系统之后，就开始注意提高群体规范的内化和认同，使之形成自我约束力，从而提高群体的控制能力。如果一个企业只是强调刚性的制度管理，忽视企业文化的建立，只能让员工成为一个合格的员工，不能使员工把企业当成自己的家，做到忘我的境界，为企业创造性、投入性地工作。这一时期通常会出现情感性交流，成员之间的关系也更加亲密和富有个性化，开始形成一种休戚与共、相互依存的"我群感"，成员高层次的心理需求，如自尊、自我实现等，也在这种融洽的群体交往中得以满足。良好的企业文化不仅弥补正式结构中非正式结构的不足，而且也起到凝聚员工，营造企业文化以便更好地服务消费者，使企业从创业型转向以创业精神为导向的管理规范型企业。

一　企业文化的概念

关于企业文化的含义，根据研究目的不同，不同的学者的界定也不一样。彼得·德鲁克从管理学视角，将企业文化界定为："有它自己的价值观、信仰、工具和语言的一种文化。"[1] 而威廉·大内认为:"一个公司的文化由其传统和风气所构成。"一般来说,企业文化(corporate culture)是企业在生产经营实践中,逐步形成的、为全体员工所认同并遵守的、带有本组织特点的使命、愿景、宗旨、精神、价值观和经营理念等,以及这些理念在生产经营实践、管理制度、员工行为方式与企业对外形象体现的总和。[2] 企业文化是企业的灵魂,也是推动企业发展的内在动力,它包含着丰富的内容。一般而言,企业文化大致分为物质文化、制度文化和精神文化,如经营哲学、价值观念、企业精神、企业道德、团体意识、企业形象、企业制度等,其核心是企业的精神和价值观。此外,由外部特征表现出来的企业的形象称为表层形象,如招牌、门面、徽标、服饰、营业环境等,也属于企业文化的重要组成部分。当然,通过经营实力表现出来的形象被称为深层形象,如人员素质、生产经营能力、管理水平、资本实力、产品质量等;企业制度是在生产经营实践活动中所形成的,对人的行为带有强制性,并能保障一定权利的各种规定。企业制度作为职工行为规范的模式,使个人的活动得以合理进行,内外人际关系得以协调,员工的共同利益受到保护,从而使企业有序地组织起来为实现企业目标而努力。"当这些(企业)文化中存在共同的价值观念,共同的行为模式,共同的经营实践,同时这些文化中各个层面联系紧密时,企业文化又可能变得十分强大。"而"企业文化,特别是当它的力量十分雄厚的时候,会产生极为强有力的经营结果。无论是对付自己的竞争对手,还是为顾客提供服务,它都能使企业采取快捷而协调的行为方式,也能

---

① [美]彼得·德鲁克:《创新与企业家精神》,第 32 页。

② 参见刘光明《企业文化》(第四版),经济管理出版社 2004 年版。

引导掌握知识者在欢歌笑语中跨越经营的险滩"①。

可见，企业文化不仅有助于企业实现其目标，而且具有帮助企业克服经营困境、促进企业良性发展的重要功能。

二 企业文化与企业成长

企业文化与企业成长之间关系一直是学界和企业家所关注的问题。企业文化与企业成长之间是何种关系？企业文化如何影响企业的健康成长？对于这些问题，国内学者早在20世纪90年代开始了研究，按照王长斌、时旸对中国企业文化研究维度的归纳，可总结为这样一些类型（见表5－1），并形成中国企业文化研究的三个维度。

表5－1　　　　　　　　　　中国企业文化维度列表②

	主题	外部适应维度	内部整合维度
郑伯埙，1990	台湾企业的组织文化维度	顾客取向、敦亲睦邻、社会责任、科学求真	团队精神、甘苦与共、卓越创新、正直诚信、表现绩效
忻榕，2002	中国国有企业文化	顾客导向、结果导向、实用主义、创新、未来导向	和谐、贡献、员工发展、领导行为、奖酬导向
魏钧，2004	传统文化影响下的企业价值观	客户导向、和谐仁义、社会责任、平衡兼顾	遵守制度、争创一流、创新精神、变中求胜
孙海法，2004	中国民营企业文化	顾客导向、诚信为本、社会责任、求真务实、持续发展、重视人才、变革创新	团队协作、奉献精神、追求卓越、文化认同、要求一致

① ［美］约翰·科特、詹姆斯·赫斯克特：《企业文化与企业绩效》，曾中等译，华夏出版社2003年版，第10页。

② 王长斌、时旸：《中国企业文化：构面、维度、特征与作用》，《理论月刊》2008年第5期。

续表

	主题	外部适应维度	内部整合维度
刘理晖，2007	中国企业文化构成	客店——自我、竞争——合作、学习——经验；员工成长——员工工具、长期——短期、道德——利益、创新——保守	集体——个人、制度——领导权威、结果——过程、开放——封闭、关系——工作

企业文化实践（组织结构、规则与程序、财务控制、行为规范）、企业文化形态（仪式、故事、行话）、企业价值观和假设（公开宣传的价值观、企业现象背后的假设）。针对企业文化的构成，汤明认为，企业文化"包含着员工职业精神、企业家的信念以及由此形成的企业核心理念"[①]。针对企业文化对企业成长的影响，田奋飞[②]认为，企业文化是以战略决策文化、管理假设文化和伦理价值文化的形式，通过影响企业战略模式、企业管理模式和企业成长的伦理环境（企业与诸如顾客、股东、供应商、竞争者、政府等一系列利益相关集团之间的关系）来影响企业成长的。

企业文化属于企业意识形态的范畴，是得到企业员工认同的企业价值观念的总和，对企业的成长有着重要影响。企业文化的号召力体现在高素质员工的能力上，能够融入企业文化的高素质员工是企业经营管理的基础；企业拥有具备独特竞争优势的企业文化是企业成长壮大的核心能力；企业员工的团队协作精神引导员工自发地选择符合企业长期或短期利益的行为企业文化即企业在长期经营中形成的共同理想、价值观、作风、生活习惯和行为规范等，这一文化对企业成员有感召力和渗透力，可以把众多个人的兴趣、目的、

---

① 汤明：《企业成长的四维理论》，经济科学出版社 2007 年版，第 80 页。
② 田奋飞：《不同企业文化对企业成长模式的影响》，《未来与发展》2007 年第 11 期。

需要以及由此产生的行为统一起来。

虽然文化不解决企业盈利不盈利的问题，但是文化可以解决企业成长持续不持续的问题，即有助于促进企业的健康成长。由于企业文化中蕴含着一种无形的力量，对企业的价值观、企业精神、创新能力有潜在的影响作用。这种力量平时在企业中是看不见摸不着的，但是当企业从成功走向卓越时，这种文化力量便会起到助推作用，使其员工朝着企业的发展方向和既定的目标共同努力。企业文化的背后是隐性的信任机制在起作用，如果企业与顾客、企业与员工和企业与加盟商之间的这种信任断裂，企业的发展就会被制约。比如企业出现严重的食品安全问题，就会造成社会声誉的降低，从而破坏企业的可持续发展。企业的有效运作，不仅需要企业管理这只"看得见的手"，而且还需要企业文化这只"看不见的手"。

企业的这种"文化力"或企业文化，可以通过企业文化管理来影响企业的成长与发展，还可以通过企业组织与企业家能力的相互融合来影响企业的健康成长。在知识经济背景下，人力资源及其管理已成为企业最重要的持续竞争优势资源，是创造利润的源泉。企业为了在市场竞争中获取优势地位，在经历创业初期的艰难与成长早期的不懈努力后，在成长后期、特别是成熟期，需要将塑造员工的价值观、培育企业精神、完善企业经营理念等方面作为企业发展的重要方向，倾注大量的精力打造企业文化，其目的在于构建优秀的企业文化。因此，餐饮企业培育企业文化对企业提高竞争力有非常重要的作用。

三　文化管理阶段

企业发展的最高阶段就是成熟阶段，在这一阶段，每个成员都被安排在合乎自己兴趣和能力的角色位置上，相互进行着有效的合作，共同为群体目标做贡献。企业会吸纳大量的新员工，企业的价值观、信念和行为规范通过创办者与员工的日常接触传播。

当企业转型为管理规范的企业，即有组织结构、管理培训的制度、企业制度和运营系统之后，它必须将注意力转移到一种无形却实实在在的重要资产——企业文化之上。企业文化对于企业日常运营和最终盈利都有十分重要的影响。企业发展战略的正确选择有赖于企业高层管理者们的精诚团结。若管理层人心不齐、各执一策，则很有可能把一个企业引向错误道路，甚至使这个企业分崩离析。

处于成熟期的餐饮企业内部已经建立起程序化的运营机制，企业的高层经理有更多的精力和时间考虑企业的未来发展计划，因为分权化的组织结构已经形成。这一阶段的企业不能按纯粹的创业型企业的经营和管理方式进行，一旦企业发展超过了临界的规模，组织架构和管理制度就显得有点不能支撑企业的运作了。这就表明，处于这个阶段的企业需要转型，高层领导从以前的创业者要变为职业经理人，而不是实干家。企业日益需要加强规范化管理、管理人才的培养和企业文化的培育。

餐饮企业是以提供产品与服务为主的服务性企业，在中外餐饮业中，文化往往体现为餐饮文化；作为企业而言，餐饮企业文化则表现为企业的价值观、精神、使命感和经营理念。这种文化往往以人为中心，以文化为引导手段，以增强员工自觉行为为目的，通过塑造健康的企业文化，激发企业内在活力，塑造餐厅形象，更好地在产品与服务中体现出来。

在西贝从1988年到2012年24年成长过程中，西贝已经形成了自身的文化特质。这种深植于企业内部的文化特质，被概括为：真实、信任、分享。用贾国龙通俗的语言概括，则为"不假、不装"，即真实是企业文化的基础，主要体现在企业对消费者和员工身上。以对消费者真实为例，即提供食材要"说一是一，说二就是二"；正如贾国龙称："我自认为我们公司是一个信任文化，我们有6个分部，6个分部经理各自领着一帮人去全国开拓市场，总部对他们的控制很少，就是信任。带着人、钱，带着西贝的旗帜，把旗帜插在深圳，把旗帜插在广州、上海、沈阳、天津。"贾国龙认为，分享主要是指愿不愿意分享利益。据其介绍，西贝现在30%的股份都是他送出去给员工的，他认为随着企业的壮大，会逐步往外输送股份，越送越多。西贝莜面村希望能够跟员工分享利益、分享发展机会、分享成果。

从西贝莜面村的企业文化特质来看，企业的强大与员工的成长是分不开的，而企业的成长则是企业文化潜移默化的过程。由于企业在不断成长，它无法再依靠简单的人情、亲朋好友关系来产生凝聚力，必须创建和借助新的愿景，寻求共同的利益和价值观，培植企业文化，用以市场化为特征的企业文化来吸纳、甄选、培训、晋升和留住各类外来的专业人员，特别是建立一支强有力的中层管理、技术骨干队伍。

在评估企业文化对企业成长的影响作用时，更应该从企业文化的隐性与显性影响中，看待企业价值观、企业精神、企业经营理念和企业的创新能力。

海底捞的张勇认为，对于餐饮服务行业而言，有两条重要的标准化铁律：一是产品的标准化，这一点是为了保证食品安全和顾客物质化的感受；二是服务的标准化，这一点通常被认为是餐饮业的增值服务。他将服务的标准化，概括为"文化的标准化"。在他看来，产品是很容易做到标准化的。最难做的是文化的复制，需要时间来检验。他认为，企业文化，正是所有服务型企业的核心竞争力,对海底捞一样适用。事实上,现行的海底捞文化强调,对下级放权,对员工平等对待。

信任的唯一标志就是授权。海底捞除了给予普通员工以物质回报,还给他们"信任"与"授权",让他们一同收获幸福感和成就感。可见,餐饮企业培育企业文化对企业竞争力有非常重要的作用。

企业文化对餐饮企业成长的影响作用,在企业创业阶段和成长阶段都不十分突出,而在企业成熟阶段表现非常明显。企业文化的建立是循序渐进的过程,时间是检验企业文化的一把尺子,在建立企业文化时,一定要切忌浮躁。虽然企业文化不能使一个企业从失败走向成功,但是企业文化能使一个企业从成功走向卓越,在全国百强餐饮企业中,许多知名的企业,硬件条件差不多,最主要的差别在软件上。如果一个企业只是强调刚性的制度管理,忽视企业文化的建立,只能起到让员工作为一个合格的员工,不能使员工把企业当成自己的家,做到忘我的境界,为企业创造性、投入性以及忘我性地工作。这时创业者要转变观念,创业者要服从企业的发展,而不是企业服从创业者的个性。此时,主要是领导风格要开始转变,由企业家向职业管理人员转变很重要。如果业务的拓展经营超出了创业者个人能力所能把握的范围,就需要由职业经理人来专门负责了。创业者此时必须授权,关键在于这样做的同时又不能失控。进入成熟期的餐饮企业的主要业务已经稳定,投资重点向多元化急剧转变,筹资能力进一步增强,融资方式出现多元化特征,管理逐步趋于成熟,有较完整和科学的管理制度和方法,企业的制度和组织结构能够充分发挥作用,此时企业可能将面临"创业难,守业更难"的困惑和压力。

因此,在这个阶段,除了注重短期的成效之外,企业还要有眼光，企业家需要有创造性。随着企业的不断扩张和发展，原有的管理和运营体系不能再支撑更大规模的企业体系，企业出现中层人员的执行力缺乏，员工短缺问题突出。企业一定要打造属于自己的企业文化，在不断补充新的人员过程中，形成具有凝聚力、创造力的企业价值观和品牌力量。

第 六 章

"三维一体"模式中多因素作用机制

本章主要分析企业家能力、组织结构和企业文化三维影响因素在餐饮企业成长中的关系，即它们是如何互动并形成有效影响机制的，在每个阶段中三个影响因素又是如何体现各自的重要性的。针对这些问题，本章将从两方面进行深入、细致地分析：一方面，通过同一阶段中三个因素的作用分析它们对企业成长的影响；另一方面，通过不同阶段中同一因素来分析对餐饮企业成长的影响。

第一节 不同阶段中企业家能力的作用机制分析

企业家能力对企业的发展是非常重要的，企业家的市场洞察力、执着精神、创新能力和不断探索的能力等都直接关乎企业的成长和发展。经营一个餐饮企业，敏锐的市场洞察力能够让创业者迅速找准战略定位，执着精神使创业者有"咬定青山不放松"的韧劲，在不断创新中，引导企业发展。在餐饮企业创业、成长、成熟和衰退四个阶段中，企业家和领导团队所扮演的角色是不一样的。

一 集权管理能力

在企业创业阶段，机会捕捉、企业策划、创办企业、经营企业、管理发展和应对其他创业挑战等，无不体现着创业者个人对创建事业的不懈追求。"一个企业从诞生，尤其在创业初期，最关键的管理职能之一是领导力，有效领导力不仅是企业成功地从某一阶段发展到另一阶段的先决条件，而且是企业在任何阶段有效运作的先决条件。"①

对于餐饮企业而言，企业创业阶段主要是指一个企业诞生和生存的过程。创业之初，企业的组织系统还不完善，各个方面还都不成熟，菜的品种单一，市场占有率低，市场地位不稳定，企业在不断探讨中改进自己，以便得到顾客的认可。处于这一阶段的企业增长缓慢，破产率高，资金缺乏，产品的采购、生产、物流和门店经营等各个环节都处在摸索期，企业创新能力也不强。各种契约关系简单，采取"人治"的管理措施，企业缺乏明确的方针和制度，经验式管理、家长式管理仍然是企业的主要管理方式。

这时企业的权力高度集中在企业家的手中，主要按照"思路——产品——服务——环境"这样的过程来发展企业，这时企业会在市场上遇到各种问题，这就要求企业家做出快速的抉择，随时都要去解决问题。企业家首先要学会产品定位，然后进行市场分析，形成经营策略，走出差异化发展之路。创业阶段的关键因素就是如何让产品在市场上站得住脚，在市场上得到消费者认可。创办企业需要不断地注入资金，对创业者来说，任何情况都是非常陌生的，都需要摸索。这个阶段也是生存时期，企业家（创业者）不能授权，权力一定要高度集中，也不能引进职业经理人，更不能有明确的规章制度，这时规章制度反而对企业的成长不利，会束缚企业的灵活发展。因为创业期也是摸索期，企业规模小，比较灵活，遇

---

① ［美］弗拉姆毫茨、［美］兰德尔：《企业成长之痛——创业型企业如何走向成熟》（第4版），黄震亚、董航译，清华大学出版社2011年版，第46页。

事就解决,没有太多会议,在管理方面,具有个人英雄主义倾向的领导方式比较适合这个阶段。此外,在企业创业阶段,需要将所有的资源集中到创业者身上,以推进企业的成长。

二 授权管理能力

随着创业期企业的销售量上升,产品得到顾客的认可,市场也慢慢拓展开了,这时其将进入第二个阶段即企业成长的阶段。此时,企业内部的供应链系统正在创建,餐饮总部还没有建立,餐饮企业的发展模式遵循"以运营为中心的自下而上"的结构分化形式,即先经营门店,然后建立与门店经营相配套的供应链体系,从"采购——生产——加工——配送——门店再加工"标准化和规范化流程来创建中央厨房。当门店只有几家,还没有扩展时,可以采取大一点门店为其他门店统一配送,随着门店的扩张,就需要不断完善物流配送系统,建立标准化、工业化的采购和物流系统,并建立总部来协调管理各个门店。这时餐饮企业就形成了总部、门店和物流中心这样分工明确的三个部分,由总部来管理门店和物流中心,而物流中心则以门店为点,做好菜品配送等规范化、标准化服务。具体关系如图6-1所示。

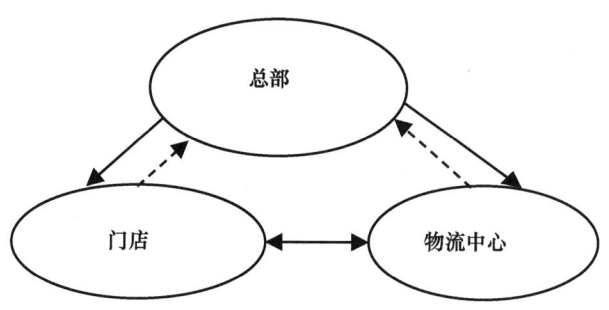

图6-1 餐饮企业的三个组成部分

对企业而言,快速成长发展需要企业家进行必要的授权。在这一阶段，创业者那种既是总经理，又是销售主任、现金出纳、财务主管，还是产品开发者的"独裁式"管理风格，已不适应快速成长阶段的需要。同时，随着企业业务的拓展，创业者个人能力就显得不足，这时需要企业团队的协助和智慧支持。例如小肥羊在快速成长过程中门店管理上的混乱，说明在餐饮企业快速成长的过程中，一定要规范化管理，进行必要的授权。

    1999 年小肥羊初创，2003 年进入了高速扩张期。小肥羊当时采取的战略是不拘一格地选拔人才来拓展市场。只要加盟者有能力，不管有哪方面的能力，都可以加盟进来，然而危机随即而来。小肥羊的管理团队发现小肥羊的全国局势已经失控。当时，在 721 家门店中，仅有约 20 家门店是小肥羊直营店，其中约 700 家是加盟店。作为一家成立仅 4 年的公司，小肥羊在特许经营管理方面其实并无太多经验。为了实施对加盟门店的管理，2000 年底，小肥羊成立了加盟管理中心，但是，该部门在成立之初大部分工作只能是接受加盟，以及对加盟者进行资格审查。而对于门店日常管理巡视工作投入相对较少。实际上，当 2003 年加盟店达到近 700 家时，由此带来的问题逐渐呈现。很多加盟店开始破坏小肥羊的声誉，一些并不是小肥羊提供的产品被放到顾客的餐桌上，影响到小肥羊的品质；众多门店也存在卫生条件不合格的问题，小肥羊总部接到越来越多的投诉。

    在这一背景下，张钢决定拦腰斩断这种草莽扩张的走势。小肥羊进入了 3 年的调整期，主要的做法是：一是关闭小肥羊的加盟市场；二是增加了巡店团队的人数和加大了巡店的力度；三是完善后台建设，组织建立了后台的供应链系统以及行政系统，包括真正意义上的总部；四是采取收编的策略，新疆和西北区的代理，由于执行加盟策略和发展势头不错，小肥羊对其采取了吸收的方式，最终，两个区域总经理以个人持股49%，小肥羊公司持股51%的方式，被纳入了小肥羊的整体自营盘子当中。经历了关店风波之后，小肥羊的组织化和规范化水平得到很大提高，企业发展也趋于稳定。

在早期成长阶段，企业处于各种竞争环境中，对企业的每一个重大决策都要小心翼翼。这时需要将企业的决策权，甚至执行权都集中到创业者手中，结果就使创业者成为企业各种决策信息的集散点。但是，这种信息集中与创业者的集权，使得创业团队的成员缺乏必要的信息来衡量企业的发展程度，也因为信息的缺失而无法有效参与企业管理，只能随着自己职位的提升有限地参与企业的管理和决策。这种因创业者专权而带来的决策单一性，在企业快速成长阶段很容易带来决策上的失误。于是授权就成为企业由成长阶段向成熟阶段发展时管理变革的选择之一。

与授权相联系的是企业引入职业管理人员，以打破创业者与管理者身份重合的管理模式，从而改变专权式的企业领导风格，使企业向现代企业制度方向发展。领导风格转变包含了企业文化的转变过程，即企业由一个生命阶段向下一个生命阶段发展的过程，或者企业从一种发展状态向另一种发展状态的转变过程，伴随这种转变，企业存在的问题也发生了转变。企业领导风格就是在这种转变过程中，解决企业阶段过渡或转变中的问题，通过创立制度，确定企业团队成员的各自角色，从管理上促进企业平稳过渡和快速发展，而不是继续追随前一成长阶段的决策，沿袭之前的经营管理模式。因此，在这个阶段，经营管理上的授权与职业管理人员的引入，包括这种制度的建立、完善，都是企业发展的内在推动力。

三　协调管理能力

这一阶段的企业家比以前更加自信，也更加清楚自己需要怎么带领企业向前发展，并将企业发展的理念融入具体的行动中。事实上，他们确实能按自己所说的去做。当然，这一阶段的企业家依然具有独断专行的处事风格，这对于成熟阶段的企业管理来说是很不利的。企业家的这种风格已经潜移默化地成为企业文化的一部分，就企业的理性发展而言，需要改变企业家的这种浓厚的个人英雄主义色彩，继续转变领导风格，以迅速回应企业面临的竞争，把握市场机会，做出经营决策。

通过对以上企业成长的四个阶段中企业家能力的分析，我们发现，企业家能力因企业发展的阶段需求不同而要具备的素质也不同，所承担的角色也有很大差异。对此，我们可以通过企业成长与企业家能力关系图来直观地了解这些阶段性的变化，如图6-2所示。

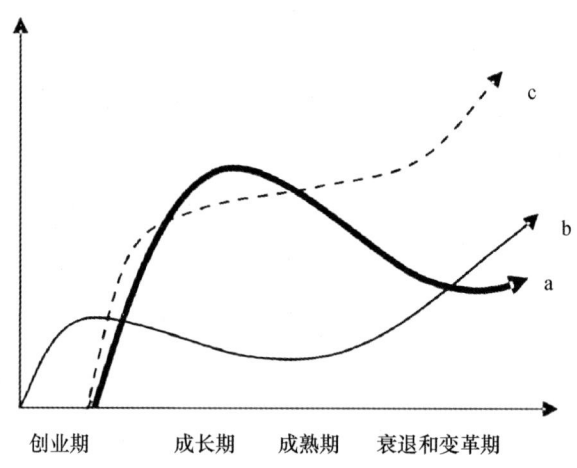

图6-2　企业成长与企业家能力关系示意图①

a为企业成长轨迹，b为企业家能力的贡献，c为企业家成熟度

---

①　张玉利：《企业家型企业的创业与快速成长》，南开大学出版社2003年版，第215—216页。

企业家能力主要是通过其经营管理方式、风格、能力和权力体现的。随着企业的不断成长，企业家的管理风格也会随之变化，从创业者到职业经理人的转变，机制变化的背后是权力的分化。在创业阶段，创业者的权力高度集中，其独断专行的行事风格和大胆冒险精神，对企业的成长非常有益。在成长阶段，与企业成长相适应的组织结构也在不断地分化，人员不断地增加，与之相配的分工越来越细，加之创业者不能事必躬亲，这时需要授权、培育核心的团队帮他出谋划策，分担重任，让专业人士从事专业的事情，企业家把握企业的发展方向。在成熟阶段，企业再想扩大，除了核心的团队之外，还需要中层的执行人员，协助团队落实战略规划的目标，这时创业者需要发挥协调管理能力，就需要培育和挖掘企业文化，整合大家的凝聚力、向心力、价值观等。

第二节 不同阶段中组织结构的
作用机制分析

根据国内学者李东红对于企业组织结构变革的考察，企业发展与组织结构变化存在着规律："一是企业早期规模小、产品单一、人员少，因此组织结构简单且内部不设职能部门，员工分工不明确；二是企业资本积累阶段规模扩大，企业重心转向决策和管理，并适当将事务性管理交予专门的职能部门管理人员管理，管理层次增加；三是现代公司制阶段，企业快速扩张，产生资金筹集需求，公司治理结构替代了传统的管理模式，经营管理由专业化职业经理人负责，因此管理层级的高层由原先的出资者转变为股东、董事会和经理人员；四是事业部制阶段，企业的规模急剧扩大，产品服务多元化并跨国销售，事业部制应运而生，且将企业高层从日常烦琐事务中解放出来并专注于决策；五是侧重横向协调阶段，有些企业采取了矩阵制和多位立体结构以提高组织的横向沟通能力。"[1] 企业发展与组织结构变化的关系，反映了组织结构不断引入而对企业成长产生的影响。

由于同一个企业在不同的发展阶段有其独有的特征，企业根据所在发展阶段的实际特征进行相应的调整，因此其组织结构也将随之改变。根据企业组织结构的改变特点，本书将其划分为三个阶段，即经验管理、制度管理和文化管理。三者并不是并列或并行的关系，而是一种递进关系。

一　经验管理

按照迈克尔·波特[2]的观点，在经济相对短缺、市场供给相对不足、市场潜力大、机会多且较显化，以及竞争相对缓和的时期，这种战略决策文化所支配的企业粗放式经营模式和外延式成长模式无疑有其积极的意义。

由于餐饮企业也经历着创业、成长、发展到成熟、变革等过程，当企业处于创业阶段时，一般规模较小，都是从一个餐厅开始经营，这时所有人的任务都是开拓市场，没有等级结构的形成，组织结构非常简单，也没有一套制度，都是约定俗成的规则和情感。创业者集各种职能和责任于一身，员工之间的沟通非常频繁但多是非正式的，内部交流大都是通过不规范的、口头的方式进行。随着餐厅门店不断扩张，为了节约成本和降低食品安全问题，一般会采用大一点的餐厅门店作为中央厨房为其他餐厅进行统一配送、统一采购，逐渐摸索连锁化、标准化和规范化的经营管理。

由于餐厅门店不断增加，餐饮企业就开始出现"自下而上的以

运营为中心的扁平结构"，这就需要建立相关的规章制度，以便做好管理系统。如果这时建立"自上而下的等级制结构"就会出现餐厅的运营和总部之间脱节的现象，因为有餐厅，才有总部，总部是为餐厅的运营和管理服务的。如果企业开始不断扩张，人数不断增加，还采取"人治"的方式，即仅仅依靠非正式沟通来进行有效管理，这种无结构、不规范的组织就会使企业内部的运营变得秩序混乱，企业会出现创业后的第一次危机。在企业集中权力的同时，即集权组织机构主要以创业者为核心，集中进行决策，命令是上传下达，适合建立直线形的结构。但是也要适当地采取授权，因为成功的创业者并不都是优秀的经营者，他们并不一定有能力或意愿投入财务、人事、计划等管理事务中去。

从斯科特研究组织的"开放自然系统"视角来看，餐饮组织与制度的演变"嵌入"具体的历史观念和社会结构体系之中，突出了环境（尤其是制度环境）对组织的重要影响。组织一旦形成，就需要与外界不断地交换资源，生存就成为它的一个重要目标，并且有相对自主的演进路径和某种惯性力量，而不像理性模式所强调的，组织只是一种工具，比较容易地基于特定目标发生改变。此外，组织内部不同的利益群体或力量之间的冲突对组织结构与制度安排会产生重要影响。[①] 当然，餐饮企业组织不是一个封闭的、自足的系统，需要面对外在环境，采取权变模式适应和控制市场战略，需要与外部环境不断进行能量与信息之间的交换。正是在这个过程中，组织的内在结构和制度安排就会因适应环境的需要而做出调整。因此，需要从"人治"向制度管理转型，进而才能实现企业可持续

---

① 斯科特（Scott，1998：31118）将组织研究的视角分成三种基本的类型：理性的（rational）、自然的（natural）和开放的（open）视角。不过他在对不同时期的主导研究视角进行了粗略区分时指出，组织研究依次经历了四个不同主导模式时期：封闭理性（close rational）（1900S—1930S）、封闭自然（close natural）（1930S—1960S）、开放理性（open rational）（1960S—1970S）和开放自然（open natural）（1970S至今）。

发展。

二 制度管理

当企业在市场生存下来时，就需要考虑如何成长的问题，这种成长我们称为是成长阶段，主要由成长的早期（探索阶段）和成长的后期（快速成长阶段）两部分构成。在探索阶段，虽然需要建立制度，但是创业者依然起着重要作用，这时还不能授权，过早地授权会影响企业的成长。

正如比格餐饮企业赵总所言：一般小企业的失败多是因为建立"自上而下的管理模式"，即他们想把企业做大，一定要发展连锁，从而先建立了物流中心、配送中心、中央厨房、总部等一套完备的体系，然后按照体系再发展企业，从而忽略了门店的实际经验，即对餐厅门店的实际运营不清楚，由于建立的一套体系对餐厅门店发生的情况不了解，使得总部反应慢，对店面的发展控制不力，即坐在办公室里发展餐饮企业。这种发展模式，使得前期建立的一套体系消耗了大量的资金，而前台餐厅门店又不能很好地发展，资金链的断裂就成为必然的结果。他认为，餐饮企业的发展应采取"自下而上的结构模式"，即先发展餐厅门店，等门店的资源逐渐积累起来以后，再建立相应的总部和物流配送中心，比格餐饮企业刚开始时没有实际的总部，而是在餐厅办公，后来才成立了办公室（见比格餐饮企业的组织结构图6-3）。

从这个企业组织架构中可以看出，企业组织结构不是从一开始就有的，而是随着企业的成长不断产生的。在以"自下而上的结构分化模式"为主的企业组织架构中，企业的组织结构很简单，职能部门的一个人可以兼数职，随着门店的增加，管理范围和业务范围已超出了个人兼职的组织结构模式，这时组织结构开始分化、裂变，逐渐从上往下分权、分工。

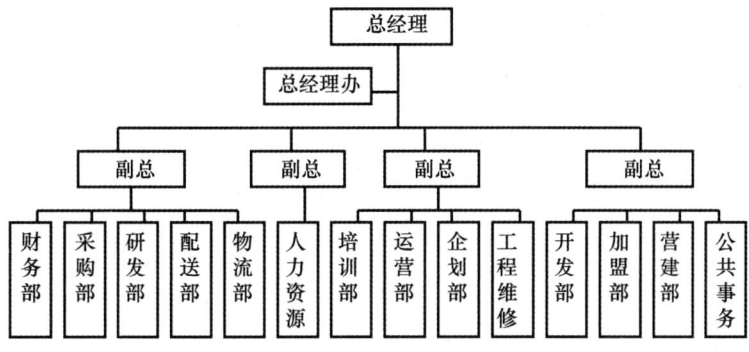

图6-3 比格餐饮企业组织架构

当企业处于快速成长阶段时，企业家就要考虑授权管理，授权的前提是建立一套适合企业发展的制度，有制度的保障，企业就不会因授权而分裂。同时，企业组织结构也会逐渐理顺企业各项流程，起到分工协作的作用，从而提高企业的利润。如图6-4所示，比格餐饮企业是在组织架构的基础上，进一步将这些组织结构进行细划的。

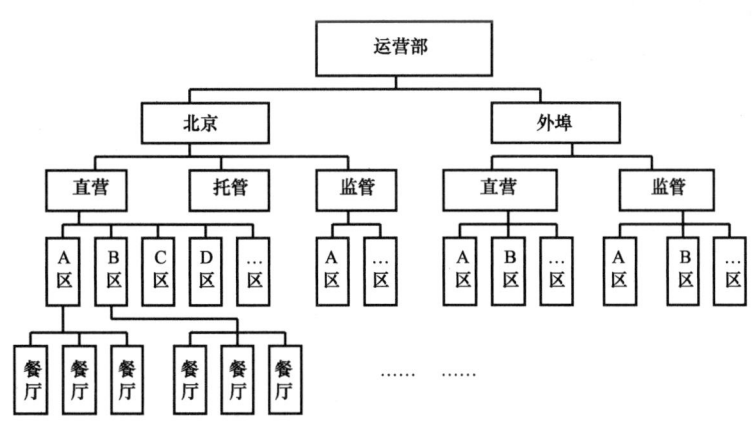

图6-4 比格餐饮企业运营部组织结构

从图6-4可以看出，比格餐饮企业组织结构的分化方式，是从餐厅门店的不断扩张进而以"自下而上"的模式完善各种规章制度和组织结构的，即先有许多餐厅门店，向上再设一个分区，先划分区，分区经理管理本区内的餐厅的经营，逐级向下实现结构整合和管理。随着企业的不断发展，其需要大量员工为之服务，员工数量也逐年增加，出现了一大批中层管理人员，他们已经具备了处理许多运作问题的知识和技能，这时需要给他们授权，让他们专门从事相关领域的工作。企业所需的市场营销能力、人力资源管理能力、融资能力、治理结构、企业制度等对利润的影响逐渐加大，专业人员能够对市场、生产及其他领域的事务做出快速反应。

因此，过度的集权已经不适应企业这一阶段的发展。在这一阶段，首先，餐饮企业需要解决好产权与治理结构问题，完善分权体制、机制，解决内部利益群体之间的契约结构关系，为进入"权力分化"的新阶段做好基础性的工作。其次，根据企业的发展战略，对企业进行管理、组织结构的调整，建立灵活多变、适应性强的分权组织。

随着企业的壮大，组织结构也在不断地分化，与之相应的规章制度也需要建立和完善。

比如，在比格餐饮企业中，一个新员工入职需要经历层层向上的努力。刚入职的餐厅服务员工，在总部所规定的餐厅进行三天的OJE，即提前实习，主要看能否适应这份工作，等 OJE 顺利过关以后，才被接纳为比格的正式员工。

三　文化管理

相对于经验管理、制度管理，文化管理是企业制度的核心。从经济学范式来看，管理的目标是实现资本的最大化收益。如有学者分析资本在企业管理中的作用时指出，在传统的制造业及低端的服务行业中，资本采用科学管理的方法，通过生产过程的流程化与标准化管理工人的"手",实现他们对工人剩余价值的占有。而对以经理人、专业技术人员为代表的中高端职业地位群体,基本采用的是另外的一套逻辑。以自我实现、自我投资为基础的人力资本理论推动了中高端服务业中劳动者的自我管理(self-management),人力资本理论成为资本控制的一个有力载体,个人价值理论推动了个体行动者的自我约束与自我管理行为。①

这种基于资本逻辑的管理方式,在现代餐饮企业组织中未必成为必然的因素,但在企业进入快速发展阶段后,企业便开始关注管理性组织的发展,开始重视制度的建设,直至餐饮企业形成制度性组织。但是,餐饮企业作为服务型的组织形态,其最关键的是管理者与员工、经营者与消费者之间的信任等价值观的塑造,其背后所体现的是一种餐饮企业文化的凝聚力。企业家在经过专注企业管理的主动授权后,要使企业的组织架构和一套制度体系灵活地发挥作用,就必须要做好企业的战略规划,塑造企业的价值观,使企业处于灵活性和可控性的发展状态。

因此,在这个阶段,企业需要加强文化建设,需要一种来自员工对企业的忠诚和信赖、对企业家英雄形象的崇拜,消费者对企业品牌文化的认可和信任,以及餐饮企业自身建构的价值观和与之相关的文化仪式。这些对一个餐饮企业成长而言,是潜移默化地发挥作用的,人的发展对企业成长而言非常关键。

> 例如,比格公司的员工招聘,主要通过两种方式:一是内提,即通过培训一些管理人员,在企业内部培育合格的人才;二是在社会上公开招聘,这些人员学历低,起点低。由于餐厅

① 庄家炽:《从被管理的手到被管理的心——劳动过程视野下的加班研究》,《社会学研究》2018 年第 3 期。

的人员流动大，经常出现员工不足，尤其是有经验的员工更为不足，从而使企业不停地招人，造成恶性循环，导致企业资源的浪费和成本增加。

张总认为："人员对企业发展是非常重要的，尤其岗位的人、能为企业从事长期的服务的员工，甚至更少。"他说，我们会通过很多方式关心员工。比如外地员工在北京过年的，大家在一起团拜，此外，到大年三十和初一时，由副总去关心和慰问。同时在制度上专门设立一项"忠诚员工服务奖"，即在比格从事一年的员工，给予相应的奖励。此外，也采取了校园计划——招聘一些大专生。其实从企业的发展来看，我不愿意要大学生，他们也不愿来。由于他们受过良好的教育，感觉跟店面的人员不能更好地融在一起，导致店面的管理人员都不愿意要大学生，更重要的是，现在的大学生对社会的了解不深入，定位不清楚，刚毕业的大学生要的薪水太高，无法招到，来了也干不好活。特别是来自城市的大学生，多数是独生子女，他们不太能吃苦，为人处世也不行。其实我们更愿意从内部提拔优秀的员工，企业里也常组织一些活动，比如"篮运会"，所有店长集中起来，到公司运营部，组织一些集体活动，给他们提供交流与沟通的公共平台，以加强和培育企业文化。

由于餐饮企业的发展主要遵循"自营——直营——加盟"的模式，在扩张新店时，新店的人员配备是一大问题。餐饮连锁经营是人才竞争激烈的产业，低素质的管理人员不可能操纵大规模的连锁商业体系。连锁经营企业要求员工不论在企业的运作、商品的采购、现金的收支上，还是对顾客的服务上，都要具备连锁经营的专业知识，特别是管理人员尤其如此。

有效的扩张得益于人才的积极补充，如何培养人才并留住人才与企业共同发展也是企业亟待解决的问题。比格对企业运营的管理除刚性的规章制度外，在实际的企业管理中还注重发挥企业文化的作用。企业文化看似无形却有力，在以刚性管理为主的企业规章制度中，它能起到润化的作用，对员工更能起到"塑心作用"。根据马斯洛的需求层次理论，当员工满足了较低层次的需求时，物质就不再对行为产生激励作用了，这时员工会追求更高一级的需求，如此逐级上升。马斯洛的需求层次理论为企业提供了一条有效激励核心员工的途径。企业要激励核心员工，调动其积极性，首先要了解这些员工的需求，根据不同层次的员工设计相应的激励机制。[①]

表6-1　　　　　　　　不同层次核心员工的激励机制设计[②]

核心员工	需求层次	薪酬体系设计		
		基本工资	奖金	福利
基层	生理需求	适当增加其在薪酬结构中所占的比例		提供在职学习和培训
中层	安全、社交需求		适当增加其在薪酬结构中所占的比例	增加医疗保险和带薪假期，提供出席会议和活动的机会
高层	尊重、自我实现需求		股票、股票期权等变动收入形式	弹性福利计划，组织设计和选择符合自身偏好的福利内容

　　如表6-1所示，官志华、曾楚宏（2001）将一个企业中的核心员工分为三大类，即基层核心员工、中层核心员工和高层核心员

---

　　① 官志华、曾楚宏：《基于需求层次理论的核心员工激励》，《中国人力资源开发》2006年第1期。

　　② 官志华、曾楚宏：《基于需求层次理论的核心员工激励》，《中国人力资源开发》2006年第1期。

工，然后，他们考察这三类核心员工活动对应的需求层次是什么样的。他们认为，企业针对核心员工的有效激励机制的设计必须以满足其需求为基础。根据马斯洛的需求层次理论，不同层次的核心员工有着不同层次的需求：基层核心员工处于生理需求层次，中层核心员工处于安全和社交需求层次，高层核心员工则处于尊重和自我实现需求层次。根据这些核心员工所处的不同需求层次来设计他们的薪酬福利体系就能够起到有效的激励作用。最迫切的需求就是员工为之奋斗的目标，也是企业激励的动力。[①]

餐饮企业是劳动密集型企业，人力因素在餐饮企业的成长中发挥着越来越重要的作用，员工素质和敬业精神决定着餐饮企业成长的方向、路径及速度。人具有很强的能动性，在受到激励的时候，能够释放出较强的能量，但在受到抑制的时候，则会闲置起来，无法发挥其应有的作用。企业的发展不仅靠硬件设施的完善和更新，更大程度上离不开优秀员工的服务。如何拥有一批有素质的优秀员工，就需要加强企业文化的建设和培育，为员工的成长和发展营造良好的环境氛围，让员工和企业一起成长。

第三节　不同阶段中企业文化的作用机制分析

从企业生命周期阶段来看，企业文化呈现出不同的特征，而且不同阶段企业发展的目标对企业文化的要求不同，在企业文化特征上也表现出许多不同形式。企业文化这个重要的因素背后，仍然隐藏着一个极其重要的机制：信任机制。这里所指的信任机制是在新

---

① 官志华、曾楚宏：《基于需求层次理论的核心员工激励》，《中国人力资源开发》2006 年第 1 期。

制度主义理论的框架下，企业在实际运营中不断建构起来的信任资源，并通过这种资源积累使企业获得自己的口碑或声誉。这种信任是随着社会变迁而不断变化的。信任作为一个无形却有力的驱动力，推动着企业的发展，这个信任机制不是企业自身衍生出来的，而是随着社会的变迁，外部的社会环境不断渗入到企业组织，同时通过企业内部环境相互建立的企业行为和市场环境的总和。餐饮企业就是在不断建构信任的基础上成长的，如果出现"信任断裂"，那么企业就不会健康地成长。下面我们结合企业生命周期理论，对企业文化在餐饮企业创业、成长、成熟等阶段中的作用机制逐一进行分析。

一　家庭式文化

在我国社会转型过程中，社会处于一种"规范"与"失范"交替的状态，原有社会规范逐渐失去作用，而新的社会规范尚未建立起来，社会处于一种低信任状态，信任已经成为中国市场化过程中最为稀缺的资源：社会成员之间的信任遭到破坏，建立在制度基础上的社会信任又未形成。对此，美国学者福山从文化角度对信任与企业模式、经济结构之间的关系进行了分析，他认为信任程度的高低直接影响一个国家的企业的规模和性质，即信任程度与企业的成长壮大与否直接相关，进而影响该国在全球经济中的竞争力。福山认为，传统中国的家族主义文化强调和重视家庭、亲戚及血亲关系，信任建立在以血缘关系维系的家族的基础之上，将信任家族以外的人看作一种不可容许的错误，中国社会是一个缺乏普遍信任的低信任度的社会。[①] 尽管福山以血缘关系来推论中国社会的信任程

---

① ［美］弗朗西斯·福山：《信任——社会美德与创造经济繁荣》，彭志华译，海南出版社2001年版。

度的这种方式有失偏颇，但对于我国家族企业而言，以"自我主义"① 为属性的信任构建方式，在社会转型过程中，固化了内部亲属关系的同时，也导致集体信任的缺失，这也成为餐饮企业特别是以"夫妻店"或合伙制发展而来的餐饮企业重建信任机制的症结所在。企业文化多数以传统家长式文化或与之相适应的家庭式文化为主。这种文化强调人际关系，将企业视为一个大家庭，企业创业者与员工能够彼此帮助，管理者与被管理者之间的界限不太明确，企业文化主要体现为员工的忠心与传统的人际关系所确认的价值观。

在企业的创立阶段，企业所形成的文化主要取决于企业创始人对解决企业外部适应和内部协调所起的作用。创始人在创建新企业时，以其特有的文化经历和个性为基础，对新企业怎样运行有独特的看法。企业创始人逐步将自己的价值观、做事方式等内化到企业的任务、目标、组织结构和工作程序之中，这些个性是企业文化形成的主要要素。可以说，企业文化最初的塑造力量是企业创始人的个性和信念体系。初创阶段的企业员工多为创业而聚集，具有很强的成就感，愿意为了企业的生存和发展而打拼，这也使得他们在目标认同上有着高度的一致性，因此能够同心协力、众志成城，员工之间也增强了信任与合作。此外企业是通过提供良好的菜品、服务、就餐环境与消费者建立信任关系的，一旦形成良好的口碑，就会吸引越来越多的回头客，好口碑通过消费者口口相传，企业品牌的附加值也就无形中增加了，企业从而能在市场站得住脚，不断发展、壮大。反之，如果一个企业菜品、服务和环境都不尽如人意，得不到消费者的认可，无法通过良好的菜品和服务与消费者建立一种信任关系，企业的成长和发展就无从谈起。

---

① 费孝通：《江村经济》，江苏人民出版社 1986 年版。

例如，满满海鲜是从街边小摊成长为中小型的连锁餐饮企业的，其最主要的特征就是建立信任，即以"口碑、声誉、诚信、感动"为特点的信任关系，这也成为满满海鲜的企业目标和努力方向。

满满海鲜的老板李总以前在一家海鲜酒楼打工，后来自己开始摆摊，在创业阶段，许多顾客说李总这儿的海鲜好吃、新鲜、分量足，在这里吃海鲜蛮有乐趣。后来他就让他爱人和他一起干，一个负责前台，一个负责后厨。当时的经营很劳累很辛苦，可是他每天坚持着，同时坚守"诚信"二字，他们的摊子成了当地比较旺的摊儿，每天开摊儿时常常出现客人排队就餐的场景。第一次的成功，让李总尝到了初次创业的甜头，由于口碑比较好，也就拥有了忠实的老顾客。经过第一次成功，第二次他换了一个大一点的摊位，大概6张桌的餐位翻台，由于前期在人们心中留下的了好口碑：新鲜、好吃、分量足，来这里吃海鲜的人络绎不绝。2000年10月，他发现这儿的摊位有点小了，就将旁边的东光商业服务楼的空房租了下来，正式取名"满满海鲜"。刚开始生意不大好，可是没过多久老顾客就登门了，陆续又有了其他熟客慕名而来，这个小店很快又热闹起来。由于客人多，2001年8月他又租了另一间店铺。这个饭店有一个招牌汤，非常好喝，还有很高营养，客人喝完还想要时，完全免费添加，有的客人一添再添，其价值已经大大超出定价，但是李总还是乐呵呵地为客人添加。在炒菜间歇，他还透过厨房门帘的缝隙看客人碗里的汤是不是要添加，这样的服务获得了客人极大的赞誉，于是他们一再回头光顾。一款免费添的汤，赢得了大量的回头客，这种揽客之道只有在经营实践中才能悟出。当然，吸引顾客的不仅仅是这个好喝的汤，还有李总和爱人诚信、热情的人格魅力。2003年，一个偶然的机会，他们买下了一个房子，当时在街面上生意很冷清，在热闹开店以后，李总对菜品和服务都保持特色，严格要求，让顾客满意，真诚做好每一餐。从小店发展成大店，李总根据自己的实际情况进行一些探索性的整改。改革后生意越来越好了，长时间的满客状态引起李总的关注，于是他将对面的店铺买下，开始了新的扩张。满满海鲜的菜新鲜、好吃，价格适中也就成为顾客常来的原因。在菜品研制方面，他们倾听顾客的意见，依照顾客的喜好，反复地研制，听取顾客的建议。经过研发后的菜品也就更合口了，到满满海鲜就餐的人也就更多了。

通过满满海鲜发展与壮大的案例，我们可以看出，餐饮企业在创业阶段，与顾客之间建立信任关系是多么重要，这种以菜品、服务、环境和热情为中介建立起来的信任关系，看似无形却很有力道，能够支撑一个餐饮企业由小到大，不断壮大发展，而其内在的感召力和影响力则超过广告的宣传，粉住了越来越多的顾客，这种信任关系不断传递下去，推动了企业的持续发展。信任作为企业的稀缺资源，可以降低管理成本，促使内部资源配置的优化，而企业与社会之间互相信任则可以使二者之间的资源互换更加充分、高效。在信任缺失的情况下，餐饮企业注定不会顺利地发展。因此，重建信任机制，加强企业在内外环境压力下的凝聚力、向心力和创造力，实现企业微观环境中人、制度、文化三者的良性互动，是餐饮企业向可持续发展的内在要求，有利于餐饮企业的现代转型。

企业发展与建立信任关系之间是紧密联系的，信任机制的建立尽管因社会文化而异，并随着时代的发展而变迁，但企业微观环境的信任无疑是餐饮发展的内在动力。餐饮企业的低信任状态往往会导致企业无法健康地成长，而信任机制的缺失是制约家族企业生命周期延续的原因。餐饮企业多数是家族企业，难免也会成为制约企业成长的瓶颈。在企业初创阶段，企业文化处于萌芽状态，作为催生一个企业发展壮大的重要力量，企业文化会随着企业的成长不断地完善。创业阶段创业者具有的创新精神仍属于创业者个人，并没有得到组织成员的一致认同。因此，需要坚持不懈地培育企业文化，使企业能在企业文化的润泽中快速健康地进入其生命周期的下一阶段，尽量避免形成浓厚人治色彩的企业文化，否则将会阻碍企业的前进。因此，在培育新型企业文化时，还要加大对企业文化的革新力度。

二 发展式文化

当然，随着企业的壮大，企业不仅要与顾客不断地建立信任关系，同时也要和企业内部的员工建立信任关系。企业创业阶段向成熟阶段过渡，在管理制度不断健全、管理经验不断积累、社会资源逐渐丰富的过程中，企业在本行业中也积累了一定的声誉。此后，企业开始依赖这些声誉，同时依赖各种机制和制度以寻求和建立合作关系，这个阶段企业的信任模式也是基于声誉和制度而来的信任关系。那么，如何来构建企业与员工的信任关系，增强员工对企业的归属感与认同感，增强员工的忠诚度，让员工以企业为家，为企业忘我地工作呢？这就需要通过企业对员工的信任来培养信任关系，从而培养员工为企业发展而不懈努力的敬业精神。

以满满海鲜为例，由于客流量日益增多，满满海鲜的店铺里开始有了雇员，前厅和后厨也有了较为明确的分工。原有的纯海鲜产品已经不能适应顾客需求，所以他们聘请了厨师专做大众菜。厨房有专项分工，初步建立了一些最基本的规章制度。对这些规章制度，李总首先带头执行。由于对李总管理的信任，全体员工全力支持。由于当时服务员人数还不到10人，所以采用了具有弹性的人性化管理。后来前厅的员工队伍也逐步扩大，3年时间里满满海鲜在当地也有了点名气。为了让菜品做到好吃，李总在海边设立了专门的采购点，保持菜品新鲜。李总不仅对顾客好，对员工更好。不管员工谁家有事，生病，他都会亲自去看望，并为员工专门买下宿舍。后来，满满海鲜相继成立总部，这也标志着企业向正规化方向迈进。总部成立以来，各类管理人才陆续进入管理层，同时也引入了新的管理理念和管理方法，对人、财、物等企业基础管理工作开始进行较为明确的管理和分工，对员工福利待遇也有了明文规定。但是，在这些管理与制度背后，更多的是李总对企业员工的信任。这种信任一方面源于李总夫妇待人处事的人格魅力；另一方面则由于其中一部分员工来自李总的家乡，在他们中间弥漫着健康的乡情氛围。当然，满满海鲜虽然是一个家族企业，但是在管理制度方面，对亲友的约束和规范与其他员工一样。同时，满满海鲜还成立了培训中心，聘请专家专门为管理干部进行培训，对新进员工和老员工分批次进行为期一个月的培训，提升他们的服务能力，并激励他们上下流通，增加了员工的内部流动。

企业作为一个组织，员工的参与既是组织不断壮大的过程，也是组织不断接纳的过程。通过企业，员工由"社会人"向"企业人"过渡。在此过程中，他们投入了自己的时间、精力、智慧和情感，他们加入企业这一组织时，带着个人的观念、抱负和计划，也带来了不同的价值观、兴趣和能力。因此，企业组织内部的信任，应该建立在组织的开放系统基础上，开放并与外界人员、资源和信息的交流、补充和交换。在这个互动过程中，社会环境、市场环境的影响会不断地渗入企业组织的微观环境中。因此，企业组织与各类环境及组织要素之间的联系就构成了信任机制的交互纽带。

事实上，作为参与者之间相互联系、相互依赖的活动体系，企业组织是在与环境结合过程中生成的依赖与信任相联系而形成的共同体。该体系植根于其运行的环境之中，既依赖其与环境之间的交换，同时也由环境和其他要素共同建构，其依赖性和建构性都建立在信任的基础上。在企业初创阶段，在经历了企业文化的萌芽到缓慢发展的家庭式企业文化之后，企业文化开始转向以强调企业创新精神为主的发展式文化。在企业不断成长过程中，企业的发展会面临来自顾客的需求、市场竞争、利润成本等方面的压力，需要从企业规模、产品创新和市场拓展等方面提升企业的竞争力，增加企业的利润率和市场占有率，这就要求企业必须不断加快企业组织与外界信息、资源和市场环境之间的交流，突破以自利型发展为特征的家庭式文化束缚，从开放式的组织结构要求出发，树立以客户为中心的服务意识，调整管理方式，以体现以创新为主的自利利他型文化来引领企业成长。而企业内在的创新动力在于企业组织的要素之间的协调，特别是企业员工对企业的忠诚度和归属感的激励作用。因此，以市场为导向，转变以创业者为主体的企业文化发展模式，建立激励性的企业文化就成为企业发展阶段的新要求。

三 市场式文化

企业作为一种组织形式，其发展是由组织结构的不平衡逐渐向平衡转变的过程。在经历从初创到快速发展的突变期之后，在企业组织与企业环境、企业组织内部各要素之间新的协调过程中，企业的发展状态由不平衡趋于平衡，出现了相对平稳的发展时期。这时，无论是从产品销售还是利润看，企业的发展都较以前更为稳定，对经济增长、规模扩大所带来的压力的承受能力也逐渐增强，企业的自控力、灵活性和企业组织结构也达到了一个新的平衡，这就意味着企业进入了成熟阶段。这一阶段的企业文化主要以市场为主，强调全面沟通。

对于讲究品牌与口碑的餐饮行业而言，除关注单店的盈利能力外，在企业品牌形成后，如何更好地扩张以发挥规模效应则成为餐饮企业不能回避的一大问题。当餐饮企业通过直营店获得成功后，规模扩张就成为下一步发展的首选，因为规模性经营能有效地发挥餐饮企业的品牌效应、增大盈利。但是，如果部分门店的管理跟不上，企业就很可能被盲目扩张的门店拖入困境。在扩张的道路上，选择加盟还是直营是每个餐饮企业都会面临的问题。如果选择加盟方式进行扩店，就存在着如何同加盟店保持良好合作关系的问题。在总部与加盟店的关系上，除了有效合约和资源组合以及一套严格的管控系统外，还需要建立信任关系，让加盟商随着企业总部的成长而成长。例如阿瓦山寨总部与加盟店之间的信任关系的构建。

"我们做阿瓦山寨的时候，就有了一些思考，就是我们不能再像以前那样，通过'锅底秘方'来控制经营方，我个人认为，那是一个比较低级的控制方式。个人不能控制他人的行为，关键在于先进的经营理念。"屈国强说。

在餐饮企业中加盟方和总部之间本身就存在着矛盾，对此屈国强说得很直率："我想与你分享祖传秘方，我又不能让你离开我，你一旦离开我就会很难受，你不听我的话，我也会很难受。"站在加盟商的角度来看，"人家加盟商付给总部这个钱，价值到底是什么？"对这个反思，屈国强总结为两点："第一，加盟商经营餐厅会比较通畅、顺利，犯错误的机会比较少。第二，加盟商在经营平台上得到了别人最大限度的尊重。"他说："如果我做了一个赢得别人尊重的平台，这时候，他如果脱离组织，当然会做得比较不舒服。"

在总部与加盟商的关系上,屈国强始终强调自愿原则以及为加盟商着想的互赢原则,他说"我们做特许加盟,始终坚持的原则是:我愿意。加盟后,首先要解决加盟商的生存问题解决问题,生存之后,还要解决它的盈利问题,还要让加盟商有归属感。能不能做到这些,都取决于领导人的能力"。

阿瓦山寨在处理总部与加盟店关系上,尽管没有直接的信任机制,但在基于市场经济原则和共赢基础上,尊重加盟店,替加盟店的生存和发展考虑,本身就是加盟店对总部的一种品牌信任、技术信任和发展能力的信任。当然,作为总部,也应该给予加盟店同样的信任,这个过程也就是建构信任的过程。

例如,追求产品和服务标准化的海底捞,在企业不断向成熟发展阶段迈进的过程中,对企业文化的标准化进行尝试。目前,海底捞有12000名员工,这些员工有的有实际工作经验,有的尚处在摸索期。处在扩张期的海底捞,只能将他们在门店中以排列组合的形式呈现,这样才可以保证整个门店的服务水平保持在平均门店水平之上。

海底捞的企业文化,是通过员工来传达一种开心的工作态度。在张勇看来,表现出这种开心的态度,是因为我们有时候很愚蠢。在管理企业中,我们有一些制度化和流程化的制度和措施很有用,但将人组合到一起时,很容易树立无形的篱笆。对于管理者来讲,解决好这个问题很重要。员工可能待遇差一点累一点,如果关心员工,让他们觉得在海底捞工作很开心,他们也就不在乎了,觉得相对公平,就觉得比较开心。

创业者并不都是具有专业管理知识的职业管理人员,如果创业者不具备或不想花钱从事专业管理的学习，可以引进相应专业人士，分担创业者经营和管理企业的一些任务，这时创业者需要转变角色，聘请职业经理人对企业进行管理。当企业规模和业务仍然处于持续扩张期时，企业管理的难度和广度不断提高，在这种情况下，企业要不断培育和建设企业文化，以满足企业发展的需要，以便为企业员工营造更好的发展空间和环境氛围。

通过揭示企业文化的作用机制，我们发现，在企业成长的不同阶段，企业文化的表现形式也不同，但其背后是信任在起作用。在创业阶段，血缘关系是产生信任的基础，员工之间存在一种利他主义的信任原则，这时的企业更像是一个家族企业，但家庭信任危机则可能破坏或阻碍企业的成长。在企业成长阶段，餐饮企业的信任主要建立在制度和声誉上，制度是保持企业与员工之间建立信任的基础，如何信任员工，就需要给员工授权，关心员工，真正让员工把企业当成自己的家一样用心工作。当企业发展到成熟阶段，这时的信任是建立在企业文化的基础上，现代企业管理更多的是通过所有权与经营权的分离实现的。这个过程也是突破家族企业内部亲属或圈子信任而走向集体信任的过程。企业文化需要将企业员工视为共同体的一员，赋予每一个员工成长、创造的空间，尊重员工的个人利益和工作能力，给予每个员工以集体的信任，通过激励措施尊重个体发展，增强信任关系，以企业的温暖提升员工的归属感和忠诚度，而不是一味地以激烈的竞争去施压。

第 七 章

总结与理论思考

本书认为，对餐饮企业生命周期的研究，应从微观和宏观两方面进行，只有这样才能解释改革开放以来餐饮企业的发展历程。在餐饮企业宏观生命周期研究中，本书主要通过梳理餐饮行业的发展历程，理解和把握整个餐饮行业的发展、现状和面临的挑战。对于餐饮企业微观生命周期的考察，旨在揭示企业发展过程的规律性。为此，本书通过对餐饮企业生命周期中最主要的影响因素进行分析，将企业家能力、组织结构、企业文化与餐饮企业成长阶段结合起来，置于企业成长阶段过程中予以剖析，以厘清餐饮企业生命周期中各个影响因素相互之间的互动关系，从而揭示这些因素背后的逻辑机制，以便探讨餐饮企业的可持续发展的趋势。

第一节 "三维一体"模式在同一
阶段的影响程度

"三维一体"模式强调了企业家能力、组织结构制度、企业文化等三个主要影响因素，在企业诞生、成长、发展、成熟乃至死亡的过程中，是如何相互作用、不断促进，使餐饮企业在不平衡到获得平衡，再由平衡到不平衡中不断成长与变革的。"三维一体"模式不是一套被决定的行为模式，而是在餐饮企业成长发展过程中，以用关于以企业家为行动者的组织结构的制度规划的合法性，获取市场竞争的稀缺性资源，使餐饮企业的经验管理目标与企业服务行为的社会价值相一致。在这一模式的建构中，规范、强制和认知的合法性，成为三个要素得以建立的基准，并在企业成长的不同阶段发挥作用，形成不同组织的管理方式。

一 创业阶段

通过对调查数据和访谈资料的分析，我们发现，在创业阶段的影响因素中，企业家能力对餐饮企业的影响作用比其他因素更为重要。在餐饮企业的创业阶段，企业家能力主要体现为对目标顾客和目标市场的定位，即餐饮企业的服务应针对什么样的顾客群的需求提供服务，进而根据顾客群来定位菜品价格、服务水准，设计就餐环境，选择地段，形成餐饮企业的目标市场，通过提供富有特色的菜品、服务，使企业在新的商圈中具备辐射能力。尽管创业阶段的企业对资金的需求很迫切，但从创业阶段的主要任务看，企业家的责任和热情则更显重要，因为企业家直接关系到创业阶段企业的成败问题。

对创业阶段的企业而言，企业家是企业的核心和成败的关键。对企业家而言，在创业过程中，不仅要具备敏锐的市场洞察力、执着的敬业精神，还要具备广泛的融资能力。同时，需要具备准确的市场定位能力，把握企业未来的发展方向，在企业内部管理上，遵循一般企业的经营管理规则，处理好企业发展与企业组织完善的关系。在企业创业阶段，最重要的是如何使企业在创业过程中生存下去，所以对企业组织架构和规章制度的关注度不高，只要企业能够灵活适应市场和顾客的需求就行，因此，在企业管理方面主要采取灵活性较高的"人治"办法来管理企业，创业者能够用自己的权威来管理企业、通过自我决策来处理企业事务，创业者的个性特点就成了企业文化的特征：人情味厚、随意性强、权威决策和独断专行风格明显，企业经营、管理、决策都集中在创业者一人身上，个人权力大，个人品质和意志成了企业文化的主要内容。在创业阶段创业者的成功对企业成长的影响最大，其次是组织结构，再次是企业文化。如表7-1所示。

表7-1　　　　创业阶段各因素对餐饮企业成长影响的重要性

影响餐饮企业成长的因素	重要性	对餐饮企业成长影响的程度
企业家能力	重要	强
组织结构和制度	次要	↓
企业文化	次要	弱

在创业阶段，对餐饮企业而言，关键问题是所提供的菜品能否得到市场的认可，因为当产品刚刚投放市场时，面临各种不确定性，存在着很多风险。如何顶住压力，坚持企业的产品（菜品）就凸显出企业家个人对未来的预测能力。这时更需要创业者对新产品（菜品）的精心呵护，以不弃不离的责任心来关注、预测和期待。由于创业阶段的餐饮企业处在探索阶段，随时都可能遇到新问题，又必须及时处理这些问题，在没有经验可循的发展过程中，创业者不能指望让别人来指导这个刚创办的企业，而要自己不断去摸索企业的发展之路。因为在创业阶段，只有创业者自己最了解企业的进展，也只能依靠自己去开拓企业的发展。因此，企业家只有以身作则，身先士卒，充分发挥自己的各种能力、人格魅力和敬业精神，才能带领企业员工跨越发展初期的重重障碍，使企业的发展快速步入正轨。因此，企业家能力在创业初期对企业成长的影响是至关重要的，也决定着企业的方向和战略目标。

85 度 C 是台湾知名的咖啡兼营店品牌，其创始人吴政学在短短几年内就以骄人的业绩，连续攻克了台湾、大陆的市场。85 度 C 于 2010 年在台湾证交所上市，一炮打响，获得了资本市场的认可。

85 度 C 作为"以咖啡、蛋糕、烘焙为主的专卖店"，与全球餐饮企业五百强中的星巴克相比，无论是起步的时间，还是品牌的知名程度都是无法媲美的。但是，以"85 度 C"来命名一个餐饮专卖店，显然体现了与众不同的经营理念："85 摄氏度，是饮用咖啡的最佳温度。"在产品开发上主要对"市场上业已成熟的产品"重新组合，在营销策略上主要以"高性价比"的方式打造自己的特色。敢于创新，勇于对比，善于开发，这些企业的文化品质和创始人的个人魅力，就成了 85 度 C 在台湾和大陆超越传统咖啡专营店的制胜法宝。

当然，85 度 C 的创始人吴政学敏锐的市场洞察力和个人经营管理能力，也是企业从小到大不断壮大的关键所在。2003 年，吴政学与一些同事在台北君悦大饭店喝下午茶的时候萌发这样一个创业的念头："东西（茶点）非常美味，但价钱对于大多数人来说确实难以承受。"当时他们就开始思索，是否有可能提供和五星级酒店一样水准的糕点和咖啡，价格却只有其一半。在 2003 年筹划创立"85 度 C"之时，吴政学明确了"平价的奢华"这一基本思路之后，开始着手解决"奢华"这个最初的挑战。

"如果我不懂，只要找到懂的人来做就行了。"对于不会做菜，也没有烘焙业经验的吴政学来说，这是一个显而易见的选择。随后，吴政学从包括君悦在内的台湾顶级酒店雇来糕点师和面包师，制作 85 度 C 特有的、与众不同的面包和蛋糕，例如墨鱼汁面包，以及用葡萄酵母制作的面包。但是，由五星级主厨制作的产品，85 度 C 却只以"平民价格"卖出。面对像 85 度 C 这样快速崛起的咖啡店，统一星巴克总经理徐光宇却表示："我们不只贩卖咖啡，更贩卖空间，竞争对手在这方面完全不是我们的对手。"

不过，吴政学也有他自己的逻辑。经常以快餐当三餐的吴政学觉得，吃一顿饭六十块台币，喝杯咖啡却要一百多，"几乎可以买两个便当，人们经常喝肯定会有压力"。85 度 C 的经营策略就是，以更便宜、功能更强的创新产品进攻中低端市场，冲击像星巴克这样的领导品牌。

平民经济的想法主导了 85 度 C 的定价与区位的选择。当然，降低开店成本、提高效益，是 85 度 C 实施低价策略的前提条件。吴政学以五万人口为基础，在区位选择上，锁定人最多的三角窗；卖场里强调坪效，每家店提供的桌椅经常不到四五张，为的就是提高顾客的回转率。首家直营店取得成功之后，2004 年 11 月，85 度 C 开始加快加盟的步伐，即由加盟者支付一定的加盟金和保证金，原料向总部采购，由总部辅导店面经营的运营管理模式，门店的所得利润全部由加盟者所有，总部不参与利润分成。对于很多在创业初期资金实力不够雄厚的连锁餐饮企业来说，这几乎是个必然的选择。2007 年，85 度 C 在台湾的门店数已经迅速扩张至 325 家，其中，加盟店的比例高达 90%。也就在这个时候，吴政学开始意识到，300 多家的门店，对于台湾市场已接近饱和状态，如再增设分店，无疑会引起恶性竞争。于是，进军大陆市场便成为 85 度 C 新的战略目标。2007 年 12 月 5 日，85 度 C 在大陆地区的第一家专卖店在上海开业，并宣布将在 2008 年内在长三角地区开设 50 家分店，大幅扩展经营版图。当时出任这家专卖店经理的孙武良对媒体表示，上海经济快速发展，消费能力较强，加上当地外籍人士及台湾人较多，以及当地年轻人受西方文化影响开始崇尚休闲咖啡，所以选择上海为进军大陆的第一站。虽然当时许多外国著名咖啡店都在上海设有分店，但孙武良认为，85 度 C 的咖啡更适合中国人的口味，相信该公司的咖啡在上海有很大的发展空间。之后的两三年，85 度 C 在大陆地区的扩张极为迅速。截至 2011 年 6 月，其在大陆的门店数已经高达 200 家。这些门店主要分布于长三角，并在北京、天津、广州、厦门、成都等地完成了布点。不过，85 度 C 在大陆的扩张模式，与台湾地区迥然不同。2004 年 11 月，在第一家直营店开出之后仅仅 3 个月，85 度 C 便在台湾开放了加盟。而直至 2011 年 6 月，在大陆的门店总数已经高达200 家之后，其仍未有明确的开放加盟的计划。当然，不开放加盟，并不意味着 85 度 C 是完全"独立发展"的。在扩张过程中，85 度 C 也与多个有实力的合作伙伴（如拥有店面资源的企业和个人）展开合资经营，而门店的经营权则由85 度 C 掌控。

由此可见，在创业阶段，企业家能力主要体现在对餐饮企业的市场定位上，即餐饮企业品牌应该针对什么样的顾客群服务、门店应选在哪里，之后要根据市场定位研究有特色的菜品，这个菜品一定要满足市场需求，不能只是关心市场卖什么，更要关注市场应该买什么。简言之，企业家要具备敏锐的市场洞察力和详细考察市场的能力，不能盲目创业。

二 成长阶段

在餐饮企业的成长阶段，组织结构对企业成长的影响大于企业家能力的影响，然后是企业文化的影响，如表 7-2 所示。

表 7 – 2　　　　　成长阶段各因素对餐饮企业成长影响的重要性

影响餐饮企业成长的因素	重要性	对餐饮企业成长影响的程度
组织结构和制度	重要	强
企业家能力	次要	↓
企业文化	次要	弱

　　当餐饮企业在创业阶段从市场竞争中生存下来后，就要考虑企业如何成长的问题，这时正是企业创业阶段向成长阶段过渡的时候，这个阶段也是企业死亡率最高的时期。餐饮企业在成长阶段，一般通过两种方式扩张规模：一是直营方式，二是加盟连锁方式，或者是将这两者结合平衡扩张。通过调查分析，我们发现，餐饮企业处于成长阶段，也是资金需求的最高阶段。由于餐饮企业的成长方式一般会采取直营或加盟方式，无论是哪种方式，都是满足资金需求的扩张方式。因此，能否满足企业这一时期的资金需要，就成为企业快速稳定发展的决定因素。

　　一般而言，成长阶段的企业会出现两个小过渡时期：一是在成长阶段的早期我们称为成长探索期，企业在不断开拓市场的过程中，它的利润增加不是非常明显，由于硬件设施、设备的投入都要耗费大量的资金，运营一个新的餐厅需要大量人、财、物的投入，而餐厅的不断扩张所需资金量大，需要及时得到补充、满足，才能使企业正常运转并得以发展。企业在经过了成长探索期之后，就开始快速地成长，这个过渡期我们称为快速成长期，此时企业的产品已经为广大消费者所接受，市场占有率也不断提高，企业的业绩优势凸显出来，寻找加盟的人也就越来越多。加盟连锁的扩张是最好的资源组合方式，即总部有技术、产品、一套管理系统、顾客认可的品牌，而加盟商有资金，这种有效的组合有助于实现餐饮企业快速成长。

当企业规模不断壮大时，企业也逐渐形成了从"自下而上"的组织等级结构。因为餐饮企业首先是从餐厅起步的，当一个餐厅经营得比较成熟时，才会不断扩张，在进行标准化、连锁化的复制，扩展越来越多的门店时，实际的总部才开始建立，随之相关物流配送中心也建立起来，这样，餐饮企业才能正常发展。

例如，呷哺呷哺的贺光启在经营餐饮门店时，创建了一套严格的门店供应链流程，收菜方式、储藏地点、下单流程、传菜路线，一切工序流程严丝合缝，俨然是一条工厂流水线。他认为，流水线的工作流程能够最大限度地实现快餐连锁的标准化、降低服务误差率。小到门店水电路设计，大到供应链设计，身为老板的他都会亲力亲为。贺光启说，建立起第一家标准化门店的模板，其他的门店就可以效仿。有了总仓和中央厨房系统，以及集中采购和标准化的连锁门店管理网络系统，在已有280家门店的基础上，呷哺呷哺的连锁发展就步入了快速扩张时期。用贺光启的话说，现在的呷哺呷哺的经营模式是工厂批量生产，前端门店批量销售。中央厨房批量生产标准化的产品，强大的物流将产品分送到门店网络，再由门店终端以优质环境、良好的服务和标准化的流程将产品销售给顾客。

随着门店的不断扩张，不断完善各种规章制度在这一时期显得十分重要，企业要想快速地发展，就需要有相应的组织架构相匹配。因此，此时的企业管理不能再采取经验式的"人治"管理方式。因为随着企业体系逐渐庞大，员工也增多，企业各项工作已经走向正轨，需要围绕企业的健康运营建立相应的规章制度。从"人治"管理向"法治"的制度化管理过渡，组织架构也需要完善，以厘清相关门店的职责，做到分工协作，提高运营和管理效率，这些都需要有章可循。就总部与加盟商的管理而言，如何做到与加盟商保持良好的关系，不仅需要一套管理制度，也要不断进行产品创新，此外，还要迎合消费者的需要变化。那么，如何让每个部门都能按部就班地有序工作，企业的规章制度和组织架构的完善就显得非常重要。

企业家能力在创业期采用集权管理模式，但是，在快速成长阶段，则需要完善组织结构和相应的规章制度。因为随着门店数的不断增加，企业的组织结构也在不断分化，企业的员工也在不断地增多，这时就需要分工。而如何分工，如何管理和监督，就需要相应的规章制度。

例如，阿瓦山寨总部对菜品的管理，主要是通过两种"相对标准化"的方式进行的：一是产品相对集中在某些品类里面；二是总部会有大量的、指定的厂家供应半成品给门店。对于"正餐"餐厅来说，厨师的标准化，是最难也是最关键的一环。屈国强清楚地知道，"中餐，最吸引全世界顾客的就是口味"，而口味是与厨师的烹饪过程关联度极大的。"中餐的口味，依赖于熟练的工人才可以完成，要有一定经验的人才可以完成。如果仅依靠标准化的菜谱，就认为任何人都可以做中餐的话，那么这个行业就没办法做了。厨师这个行业注定是很有专业性的。"屈国强说。为此，阿瓦山寨在湖南设立了一个厨师学校，专门招聘熟练的工人进行培训，分级考核后派到各个门店。在具体的人数安排上，则尽可能地满足门店对厨师的需求。

如果在创业期，过早地建立完善制度，企业很可能会因为制度的束缚而不能灵活地适应市场竞争而死亡，因为当时产品还没有得到市场的认可，企业还没有度过生存期的考验，企业面临各种可能性，其发展趋势还没有确定下来，所以不易过早地给企业以制度的方式定调。当企业具备一定规模时，就不能按经验决断了，而需要规章制度进行保障。当企业进入快速成长期后，创业者的角色需要转变，面要加强企业内部经营管理，建立健全相关的管理制度。企业家要根据企业的健康运营情况，完善和规范内部管理制度、确定各种职能和责任，使企业逐渐转变成一个系统，需要将日常工作有序化、制度化，形成一整套管理体系，同时需要关注外部市场环境变化。这时，企业就需要制订相关战略规划，企业家在具体决策、人员管理上要转向职业化，需要对市场的变化进行详细的调查研究，分析竞争对手的变化情况。因此，在成长阶段，组织结构对企业成长影响最大，其他影响因素按重要程度依次是企业家能力和企业文化。

三　成熟阶段

餐饮企业在成熟阶段，企业结构的不断分化，同时也引进了相关专业人员，这时企业的组织结构和规章制度已经完善，开始发挥作用。企业的经营和管理不再受制于"人治"，而是一套制度体系在运作。但是，在制度规范中，由于员工每天从事着标准化、流水线的单调、乏味的单一工作，难免会出现身心的疲惫和麻木。这时需要加强和完善企业文化的建设、培育，需要增加员工向心力和凝聚力，整合价值观，把个人的目标和企业目标整合在一起。在这种状况下，只是完善制度建设显然并不能取得良好效果，因为制度属于刚性管理，制度面前人人平等。当企业到了成熟阶段，如何克服制度管理的不足，培育员工的创新精神，以企业文化无形却有力的形式为驱动力，就会促进企业的不断发展。因此，企业文化对企业在成熟阶段的发展是至关重要的，其次是组织结构和企业家能力，如表7-3所示。

表7-3　　成熟阶段各因素对餐饮企业成长影响的重要性

影响餐饮企业成长的因素	重要性	对餐饮企业成长影响的程度
企业文化	重要	强
组织结构和制度	次要	↓
企业家能力	次要	弱

在餐饮企业的成熟阶段，企业只有组织架构和规章制度还是不够的，企业要持续发展还需要企业文化的支撑。因为此时企业的发展不能靠经验和直觉，企业战略规划就显得非常重要。在这个阶段，企业已经开拓了相应的市场，也具备了一定品牌影响力。随着社会经济的不断发展变化，顾客的需求也在不断变化，企业的产品也有了生命周期，能否创新产品来延续企业的持续发展就显得非常重要，而产品、企业管理、员工等共同构成了企业得以持续发展的文化之基，因此，这一阶段的企业发展，一定要立足于企业文化之上。

例如嘉和一品总裁刘京京，随着企业的不断成长，通过引进资本的方式，先后建立第一代中央厨房、第二代中央厨房和第三代中央厨房，同时也完善了总部的办公体系。2010 年 10 月，嘉和一品获得红杉资本中国基金、涌铧投资等 3 家风险投资公司的战略投资，注资金额近 1 亿元人民币。2011 年初它再次获得了由马云、虞锋、史玉柱、刘永好等当今商业巨子创建的"云锋基金"的青睐。与宏状元不同，刘京京并未出售持有的全部股份，而是仅拿出一部分，用以提升企业的管理水平，使企业的股权结构更加合理。

刘京京毫不讳言，之所以引进风险投资，并不是因为她觉得企业的价值已经到了可以进入资本市场去称量的阶段，而是因为兴建第三代中央厨房需要大量资金。第三代中央厨房占地5000 平方米，与前两个中央厨房相比，这个中央厨房从设计到装修都是按照嘉和一品的需求严格执行的。为了不让企业的发展因资金问题受阻，刘京京决定以股权换资金。最终，风险投资带来了近亿元的投资。这些投资加上嘉和一品自身的积累，都投入到中央厨房和总部基地的建设中。2010 年，在红杉等进入之后，刘京京利用充裕的现金流，在北京市顺义区自购了一块土地，用来建设总部基地，嘉和一品的生产、物流、培训、办公、研发等一系列工作都被规划到这一区域。这项工程的竣工将给嘉和一品的蓬勃发展奠定更为坚实的基础。同时，刘京京也开始着力打造嘉和一品的企业文化，从企业品牌、员工价值、管理团队、企业核心价值等方面着手，以增强企业竞争力和创新力为中心，建立企业文化的激励机制和凝聚力。

这种便利性，基于地面和"空中"的网络布局的服务网，为企业创造出了循环的现金流，这时企业投资有了战略规划，灵活性和可控性达到均衡点，出现的风险和失误不会太多，但是，存在的问题是缺乏创新精神。企业的创新精神源于员工的创新精神，企业要不断地满足不同层次员工的需求，激发员工的积极心态和创新意识。因此，这时只有相应的制度还不够，还需要把培养企业员工忠诚度的工作放到重要的位置。其实，员工走进企业之前是社会人，如何从社会人变成企业组织成员，除了用规章制度约束身体和行为之外，企业家更应该培养员工的忠诚度。除必要的物质激励外，还要有归属感等激励措施。所以，这一阶段企业文化显得非常重要，良好的企业文化能使企业从成功走向卓越。在成熟阶段，企业单靠物质的奖励来激励员工已经不能完全获得忠诚度与进取心了，只有将"以人为本"的思想和理念，"感动服务"的宗旨渗透到管理领域，实现文化管理，发挥员工的主观能动性，才能有效地提高企业的生产效率。

一茶一坐有效的扩张得益于人才的积极补充，但如何培养人才并留住人才同企业共同发展成为企业亟待平衡的问题。目前一茶一坐有服务员 6000 多名，一个店大概有六七十个服务员，大的店有上百个。陈定宗认为："要让员工感觉一茶一坐就是一个大家庭，大家像一家人。我们把伙伴当家人，所以他们愿意在工作上投入，要让他们发自内心，他若没有发自内心，你强求也没有用。"

而对于管理人才，一茶一坐的培养机制则更为复杂。一茶一坐认识到，在餐饮企业普遍面临管理人才匮乏以及流失严重的问题时，靠挖人是难以长久的，只有创造出自己的人才养成机制才能和企业共同发展——具体地说，就是要让作为服务员进来的员工，日后能变成管理干部。

"这才是方法，因为毕竟基层的人员好找，干部不好找。像我们的服务人员都很年轻，我们整套 SOP 都可以教。"陈定宗认为。

除了良好的培训，一茶一坐还十分注重对员工的关怀，以此提高员工对公司的向心力。一茶一坐认为，员工需要的是一种家庭式的关怀，很多外地服务人员来到大城市，他们其实很需要公司和同事的关心。当所有的店长都愿意去关心自己的员工同时也有实际行动时，店的业绩就会好。

目前，一茶一坐已经给予店长股票选择权。刚开始的小店长有 3000 元美金左右的股票选择权，资深一点的店长或者区长有 5000 元美金以上的股票选择权。更多的机制把员工与公司的发展拴在了一起。

多年来，一茶一坐每年都会让一部分店长、区长到日本考察、学习，以此作为对他们的一种奖励。"店长、副店长一线的这些人，有些一辈子没有出过国。我们到东京，让大家去看全世界一流的服务，让他们看到这样的服务才能够符合 21 世纪的服务标准。所以当国内还在喊'顾客满意服务'的时候，我们早已经在讲顾客感动服务了。"陈定宗认为："（这些会让）他们觉得这家公司实在太好了，同事之间就像一家人一样，把伙伴当家人，公司的福利标准也很好，去外面跟人家讲，我在一茶一坐上班很有面子，觉得你的公司不错。"

在一茶一坐，一个理想的升迁路径是：一个服务员刚进来的工资是 1300 元，然后从 C 级、B 级升到 A 级，工资升到 1800 多元，再升管理级就有 3000 多元，到店长有 5000 多元，到区长则接近 1 万元。当有这样的例子在公司里出现时，其他的年轻人就能够看到他们的未来，知道他们将来的规划是和整个公司的成长结合在一起的。"你的收入慢慢增加，你的生活品质可以缓慢改善，你的未来可以有股票，可以买房子照顾家人，这些可以在一茶一坐实现。"这样一来，员工有明确的目标，便能充满干劲，向着目标努力前进，最终实现自我价值，完成自己的梦想。

可以看出，企业之间的竞争是人才的竞争，人力资源管理是企业技术创新的基础，也是企业文化建设、管理创新的先决条件。因此，这一阶段影响企业成长的主要因素是企业文化。当然，随着企业员工增多，增加企业的凝聚力和整合度就显得更为重要，没有制度保障的授权会导致分权，企业会出现离心力，因此，在这个阶段增加向心力是很重要的。在制度保障的前提下，企业文化起到了整合价值观的作用。组织结构和质量控制主要代表管理的正式程度，知识产权是企业的重要品牌形象，成熟企业之间的竞争更多的时候是市场品牌的竞争。因此，在成熟阶段，企业文化、组织结构、企业家能力对于企业成长的影响呈现出递减关系。

第二节 "三维一体"模式在不同
阶段的管理方式

改革开放以来，社会经济已从物质匮乏时代转向了物质丰富时代，对于饮食消费的需求不仅仅是解决温饱问题，追求更多的符号的价值，消费趋于多样化。一个企业要想在市场上立足，除了不断地满足顾客潜在性需求外，还要加快培育现代餐饮企业的品牌。由于社会变迁，那种在改革开放之初品牌意识不强，产品模仿、数量型扩张的时代逐渐成为过去，企业长期发展所需的核心技术研发成为企业取胜的关键。因此，需要餐饮企业不断转变经营和管理理念，通过标准化、规范化的服务和创新，以更好地适应社会或市场大环境的要求。在这种背景下，餐饮企业也面临着转型，对于市场的适应需要从机会市场转向能力市场。而餐饮行业市场竞争激烈，整个行业"四高一低"局面不断蔓延，餐饮企业处于微利时代，中国餐饮企业的发展面临严峻的挑战。

一 技术性组织管理

技术性组织管理强调了企业家创业过程中的重要作用，包括发挥企业家精神和能力的各种管理方式。根据餐饮企业成长的规律特征和面临的主要风险，我们发现，企业家在企业成长的四个阶段中承担着不同的责任，其影响贯穿了餐饮企业成长的整个过程。

根据企业生命周期阶段论，中国餐饮企业的平均寿命为2—3年，尽管企业经营的体制有所不同，但是衰落的原因基本差不多，还是有规律可循的。企业家的执着、热情、敏锐的市场洞察力和超人的能力可以造就企业的辉煌，也可以带垮一个企业。因为一个人的能力毕竟有限，随着企业规模的不断壮大，企业家也要不断地成长，不断遵循经济运作的规律，如果一味地彰显独断独行的作风，也会导致企业的失败。在对实际企业描述和观察中，我们发现，企业家也有"生命周期"，一定程度上说，企业家的生命周期决定着企业的生命周期。从企业家从创业到守业再到败业的过程看，企业家的生命周期可分为五个阶段：第一，创立企业阶段，这时企业家经验不足，但有胆识、有干劲；第二，引导企业获得成功阶段，这时企业家不仅有干劲，而且在实践中积累了经验，这也是彰显企业家能力的上升阶段，企业家达到了自己事业的顶峰；第三，企业家形成自己的风格阶段，这时企业家创业能力逐渐趋于稳定，企业处于平稳发展阶段；第四，企业家满足于过去的成就，趋于保守，无论是思想还是体力都没有了当年的锐气，甚至会由过去的成就而自我神化，这时企业在平稳中滋长着潜在的风险；第五，退化衰败阶段，这时企业家功成名就、思想僵化、年事已高，思想跟不上时代潮流而又固执，但仍然掌握企业的大权，成为企业创新、发展的阻力，这时一个关键的错误就会断送企业。一般来说，第一、第二阶段的企业家犯严重错误的次数少，否则就不会有企业的成功，在管理风格和企业家个人能力方面，企业家"人治"的积极作用大于消极作用。第三阶段是转型期，"人治"型管理向法治型管理转型，企业家即使犯了错误也不会给企业以致命的打击。如果坚持人治，第四、第五个阶段肯定会出现问题。

在企业家的生命周期变化过程中，企业家的能力和管理主要体现为两个方面的变化：一是企业家的角色随着企业成长而不断变化，即根据企业成长周期的四个阶段，企业家所担当的角色分别为创业者、推动者、维持者、变革者；二是根据企业成长所采取的管理模式的变化而变化。企业家的权力随着企业成长不断分化，具体表现为集权式管理能力、授权管理能力、协调管控能力和分权管控能力的分化。因此，从企业家担任的角色和所做出的决策而言，企

业家能力、管理方式和对企业成长的助推或抑制作用也不相同，对
餐饮企业成长的影响机制也就不一样了。

二　管理性组织管理

管理性组织管理，强调管理方式由经验型向依托规则制度的专
业化管理过渡的要求。作为影响餐饮企业成长的重要影响因素，组
织结构在企业成长过程中，并非是从一开始就伴随企业出现的。在
创业阶段，与企业家能力相对应，在企业管理上主要采取"经验管
理"的方式。这时由于企业刚诞生，规模比较小，组织结构非常简
单，更没有一套规章制度，在企业运营过程中主要采取"情亲 + 规
则"的方式。此时企业很有人情味，凝聚力也强，对于企业的运营
状态都在不断探索中总结进行。这种管理方式的好处是结构简
单，遇到问题能随时处理，但不足是遇到事情没有规章可循，
容易引发不必要的矛盾和不信任危机。在成长阶段，企业则采
取"由人治转向制度过渡"的方式，这就意味着企业开始走向
规范化和组织化。

对于一个企业连锁化的规模性发展而言，其前提是建立一套完
整、规范的管理体系，并为企业的发展保驾护航。因此，围绕企业
的健康运营，在逐渐定型的组织框架下，需要建立各种规章制度。
这种制度不是"真空的"和设计出来的，而是在企业的实际运营过
程中，通过不断总结和不断完善形成的。企业或任何组织必须适应
环境才能生存发展，因此，任何企业组织都必须适应所处的社会环
境、市场环境。在资源稀缺的条件下，这意味着企业必须提高效率
和竞争能力，比其他的组织做得更好，如此才能得到资源，保证生
存发展。那么，企业是怎样提高效率、适应环境的呢？企业组织的
效率和适应是通过组织的结构化、稳定化来实现的。组织结构化指

的是组织内部的规章制度、企业文化和正式结构。① 企业有了正式的规章制度，在管理方式上也就能避免情绪化管理和不信任的危机。制度管理的最大优点是把过程留给员工，通过标准化、规范化和流程化的运营，在管理终端进行检验。可以说，企业的成长也是不断完善一套制度体系的过程，这个体系不因某个企业家的离去而停滞或失效，这就通过规章制度保证了企业在相应的组织架构下能够稳定的发展。在成熟阶段，随着企业的成长，需要不断地完善组织结构，调整或变革规章制度，以适应新的环境与市场竞争需要。事实上，从那些衰败或死亡的企业案例看，其原因在于两个方面：一是盲目地扩张，使企业资金和后续管理跟不上；二是在不适宜的阶段建立规则制度，或沿袭已经僵化的规章制度而丧失变革的时机。对一个采用现代连锁经营以扩大企业经营规模的餐饮企业而言，需要先建立"以运营为中心的扁平化结构"，实现自下而上的结构分权形式，即遵循餐饮企业的特殊性，先开门店，再建后台的工厂和总部，这样有助于餐饮企业的健康成长。反之，如果先建立"以人事为中心的等级化结构"，实现自上而下的结构分权，就会使前台与后台管理脱节，造成大量资源和资金的浪费，从而过早地埋下企业衰败的隐患。此外，对于创业阶段的餐饮企业来说，不能过早地引进职业经理人，即在内部管理体系不成熟的情况下，不能授权，否则就会影响企业的发展。因此，在餐饮企业成长过程中，企业的组织结构和规章制度并不是随意而定或任意嵌入的，需要结合餐饮企业的每个阶段适时引入。

三　制度性管理

制度性管理阶段，即经历技术性管理、管理性组织管理后，企

---

① 周雪光：《组织社会学十讲》，第321页。

业强调文化发展的制度要求的管理方式。对以提供饮食服务的企业而言，更重要的是通过企业发掘饮食文化，以现代经营管理塑造企业文化，并激发企业发展的潜力，使餐饮企业实现可持续发展。正如于光远教授认为的，"对于企业发展而言，一流企业靠文化、二流企业靠营销、三流企业靠生产"①。当然餐饮企业作为服务行业，也不例外。由于餐饮企业的成长到壮大也要经历创业、成长、成熟到变革等阶段，在这个过程中也是企业文化萌芽、发展、演进和积淀的过程。由此可以发现，企业文化的培育和发展与餐饮企业的成长是相互建构的，即企业文化会随着企业的发展不断地变化。在某种程度上，创建优秀的企业文化，不能改变企业的兴衰成败，但能使企业从成功走向卓越，它能使全体员工认识到企业的远大目标并为之努力工作，发挥精神层面导向作用，必将为企业的持续发展提供动力。其实现代餐饮企业之间，主要的差别不是硬件方面的建设和完善，而是软件方面。不管现代化的硬件设施设备多么齐全，还是需要有经验的员工去操作，尤其是对通过扩张门店来扩展经营规模的餐饮企业来说，有经验的管理人更懂得如何吸引顾客，此外，在餐厅服务时更需要有经验和素质良好的员工，因为一线员工直接与顾客接触，他们更懂得消费者的需求。因此，如何让一线员工更好地为顾客服务，门店管理者更好地管理经营门店，企业经理人更好地把握市场与产品的动向，就需要加强企业文化建设，激励各个层面的员工，培养他们的归属感和忠诚度。

如何让员工把企业当成自己的家，全身心地投入工作，需要加强对员工价值观的培养和对企业目标的认同，一旦被员工接受、认同，员工自然而然就产生一种归属感。当然信任员工，给员工下放权力，也是非常重要的方式。社会声誉对于企业来说不是一项独立

① 李培林：《论企业文化管理与企业竞争力》，《企业活力》2008年第3期。

的资源，由于餐饮企业的生命周期受到其所处社会的整体信任结构影响，企业组织的交易、联系，组织成员之间的相互信任关系选择，也会塑造企业自身特定的信任结构小环境。只有将其理解为一种制度环境或制度要素才是更合理的，这种制度要素既蕴含在社会的整体文化价值体系之中，又由企业组织自身的长期关系合约与策略选择所形成的。与此同时，企业与员工之间的信任能够起到塑心作用。如果员工将自己视为企业的一分子，把企业作为发挥个人潜能、实现个人抱负的舞台，从而积极参与企业的各项活动，形成一种携手共进的团队精神，全体员工必将齐心协力地推进企业持续发展。当然，餐饮企业在其生命周期的不同阶段对信任资源的需求也是不同的。

对餐饮企业的文化管理而言，其内容包括很多，其中，企业外在形象和内在企业精神构成了企业文化的外表与内核。以企业精神为核心的企业文化对外的展示就是企业形象。企业形象包括诸如领导风范、店容店貌、员工气质、产品质量、服务质量、品牌塑造、广告宣传等方面的内容，它们代表着企业文化的效果，并对外产生辐射作用。通过企业文化建设，将餐饮企业的产品通过服务的形式打造成文化品牌，并以客户群的方式进行形象辐射，可以增强企业的软实力和无形资产，提高餐饮企业的竞争力，提高企业的品牌效应和知名度，进而促进餐饮企业健康成长。

因此，企业要实现可持续发展，必须创新自己的企业文化，培植企业文化精神，塑造企业文化的核心价值观和创新意识，形成独特的企业文化。这是企业健康成长、做大做强的内在因素，也是长寿公司的秘诀所在。因为企业是一个开放系统，在环境中生存，同时也受环境的制约，如果企业组织一旦缺乏信任，消费者心目中所形成的信任选择就会影响企业的可持续成长。因为，企业组织与社会环境具有同构的效应。企业组织的行为会受市场环境的影响，同时企业组织具有主观能动性，也在不断建构、引领市场环境，不断培育和挖掘潜在的市场顾客。

所以，走出企业自己的"蓝海市场"，其中最重要的是要不断完善和加强各种信任机制的构建、信任关系的深化，反之，缺失信任，企业就无法做大做强，更不能获得可持续发展。信任机制作为一种无形却有力的驱动力，在餐饮企业的成长过程中起到非常重要的作用，主要体现在企业与顾客、企业与员工和企业总部与加盟之间信任的建构。由于餐饮企业受制度环境的影响，企业与环境是相互建构的，企业要不断地从环境中吸取和交换资源，同时企业的不断完善受制于制度环境，它会自己努力与制度环境同构，以适应制度环境，努力获得资源与合法性。正因为自己在努力建立获得合法性，使得自己在社会环境中能够生存下来，如果出现"信任的断裂"，就会影响企业的成长。餐饮业是服务行业，通过不断完善建立品牌和声誉的制度得以生存，企业需要不断完善和培育信任和声誉，形成独立自主的品牌影响力，从而不断地获得资源，进行资源交换，以实现可持续发展。

第三节　餐饮企业成长的"三维一体"模式

在餐饮企业成长的各个阶段，企业内部各个影响因素的变化具有一定的规律可循，但是在每个阶段，这些影响因素的重要性不同。餐饮企业从诞生、成长、发展到衰退的过程是受很多因素影响的，本书根据餐饮企业组织的演变规律，从组织社会学的角度抽象出了三个关键的因素，进行比较论证、研究，并揭示这些影响因素相互之间的作用机制。

一　影响餐饮企业成长的三个因素特征

在餐饮企业发展的几个阶段中，文化特征、组织结构和人的因素（企业家、员工、人际关系）在每个阶段的作用各不相同，其产生的影响也有很大的差别。

1. 就企业家特征而言。企业家作为"实现生产要素的重新组合"（熊彼特，1912）的创新者，不再是消除市场发展的不均衡性的特殊力量，而是通过冒险，以"创造性破坏"的方式打破市场的均衡，获得超额利润的机会。从对"三维一体"模式的分析中，我们发现，冒险仅仅是企业家精神的一个方面，寻找新机遇也是企业家的一项能力，而创新则贯穿了企业家推进企业发展的整个过程，成为企业家精神中不可缺少的重要特征。因此，在餐饮企业发展的不同阶段，都要求企业家不同程度地发挥创新精神和能力。但是，企业家的创新性并不总是成功的，如果不能与企业组织制度和企业文化很好地结合起来，一味追求创新，往往会导致事与愿违的结果。

企业在完成初创阶段后，就属于技术性组织，这时企业家要对市场定位、产品研发和消费群体划分有基本的了解和掌控。此时的企业家能力就要在餐饮企业的守旧和创新之间进行小心的平衡，力求企业稳定发展。当企业进入平顺阶段时，构建企业的制度规则就成为推进企业发展的必然要求，而在制度性组织阶段需要企业家谨慎创新，而不是大规模地变革企业经营管理。如果企业家过早地追求创新，改变产品、服务和企业组织架构，不能为消费者提供价值和满意度，往往会导致企业的溃败。因此，企业家创新精神和能力，要根据企业不同发展阶段面临的问题和机遇进行全面分析，以便通过产品、服务和价值，创造出一种新的消费诉求，而不是一味发挥企业家的激情和过人的魅力，否则企业家的创新就变成一种真正的"创造性破坏",而不是冒险的"破坏性创造",直接影响到餐饮企业的持续发展。

2. 就企业组织结构而言,其组织结构具有同质化的发展倾向,也就是说,餐饮企业的组织结构与一般企业的组织结构具有趋同性,都是制度化的过程和结果。新创餐饮企业往往是建立在企业家的经验调查基础上的,企业家通过强制性和模仿性建立制度,避免餐饮企业面临的不确定性。此时,企业家是以个人的经验和对其他餐饮企业经营模式、组织结构和规则的模仿来实现的。餐饮企业发展到一定程度,加盟店或连锁经营方式便会出现,这种方式实际上是一种组织间的支配与联盟关系。在由技术性组织向管理性组织的发展过程中,餐饮企业度过了创业期,组织结构的制度化要求就被提上日程,专业化的管理要求企业家由经验积累转向人力资源专业团队管理,实现企业制度、规则和价值观的管理。

如前所述,制度化的过程往往与企业内部或制度环境的变革有关,这就要求,企业组织结构的制度在强调规则时要内含共识和价值,防止因"利益最大化"的经济逻辑,破坏组织结构的"善意的逻辑",实现组织结构的合法性。因此,在餐饮企业成长过程中,不能将组织整体与内在的因素分裂,以提高组织运行的效率,使企业的制度在正式结构中融合非正式制度,实现科层制的组织结构的非强制性管控。当企业成长发展到管理性组织时,在管理模式上的变革,组织结构的制度化强调组织结构与餐饮服务工作的一致性,从而使餐饮企业在技术有效性增强时,进一步提升组织制度的有效性,改变企业家独揽大权的经验性经营管理方式,使餐饮企业能适应外部环境的变化和内部结构的调整。

3. 就企业文化特征而言,企业文化是企业制度的认知——文化性基本要素,对企业制度具有非常重要的影响。随着餐饮企业发展阶段的变化,企业文化依次表现为家庭式文化、发展式文化、市场式文化和权变式文化。这些文化形式是随着企业的发展阶段而不断调整、适应、促进和变革的。特别是企业文化的变革，往往影响着企业是否能迈过成长的阶段期而得以持续发展，而不是在某些关键期出现断裂，导致企业走向衰败。

因此，企业应高度重视组织文化的价值观塑造，培育员工对企业的忠诚度，共享价值观，建立普遍的信任关系。同时，使企业的价值信念与企业的基本理念紧密联系在一起，为员工的工作提供指导原则，为企业建构良好的文化品牌和文化形象。在考察中国餐饮企业发展阶段时，必须将餐饮企业的文化作为最重要的影响因素之一，充分考虑企业的文化特征对餐饮企业成长的重要作用，特别是对家族企业的文化发展的分析，更具有解释意义。

二　餐饮企业成长变革与"三维一体"模式

通过对餐饮企业成长规律的探讨，我们发现，一个企业的发展离不开大的社会环境，同时也受内部环境的影响。正如斯科特所指出的那样，一个组织的发展，组织及其成员的行为是行为者有目的的协调行动；同时一个组织作为一个集合体，参与者寻求着多种利益，更加注重目标复杂性与非正式结构的存在，此外环境影响、支持且渗入了组织。[①]

1. "三维一体"模式与合法性基础。"三维一体"模式强调了企业家能力、组织结构（制度）、企业文化三个重要的影响因素，在企业从诞生、成长、发展、成熟到死亡的过程中，三个重要因素之间相互作用，不断相互促进，使餐饮企业由最初的不平衡到获得平衡，再由平衡到不平衡，推进餐饮企业的成长与变革。

---

① 参见［美］W. 理查德·斯科特、杰拉尔德·F. 戴维斯《组织理论——理性、自然与开放系统的视角》。

"三维一体"模式的建构，是基于韦伯意义上的合法性为基础而对餐饮企业的组织结构进行分析的。"三维一体"模式不是一套"被决定的行动模式"，而是在寻求餐饮企业成长过程中，以以企业家为行动者的组织结构的制度规则的合法性，以获取市场竞争的稀缺性资源，使餐饮企业经验管理的目标与企业服务行为的社会价值获得一致。合法性强调了"文化协同性、规范支持或者与相关法律或规则相一致的情形"（斯科特，1995）。在斯科特看来，规范的、管制的和认知的要素都产生了不同的合法性评判的根据，进而形成规范的、强制的、模仿的控制机制。尽管"三维一体"模式在分析餐饮企业成长时，并未专门论述合法性机制，但"三维一体"模式的各个要素在餐饮企业发展的不同阶段和同一阶段中的相互作用，却是以合法性基础为设定前提的，在此过程中，企业组织的认知信念体系与文化规则进一步强化了组织结构的合法性。也就是说，在"三维一体"模式的建构中，规范、强制和认知的合法性成为三个要素得以建立的基础，以此在餐饮企业经营活动和管理过程中，以企业家、组织制度和企业文化的影响因素的方式发挥作用。

2. 餐饮企业的变革。变革往往是由不平衡性所引起的，既有组织外部环境的影响，也有企业组织结构内部的影响。餐饮企业作为组织而言，从平衡到不平衡的过程，往往与企业资源环境之间的交互性、依赖性有关。从社会交往结构而言，这种交互性反映着处于均衡状态的权力分化，而交换的均衡强化和永久化了维持它的依赖和权力的不平衡（布劳，2004），尽管布劳提出的有关社会交往中既定的平衡是由同一交往在其他方面的不平衡造成的原理，未必会适用于餐饮企业引起变革的分析，但是就餐饮企业作为组织而言，具有与资源环境之间的交互作用，能够说明餐饮企业是受外部环境影响的，特别是政策性环境。本书在关注外部环境的影响时，侧重于从企业组织结构内部的因素分析，以揭示餐饮企业何以在成长过程中由不平衡再到平衡的动态变化及其原因。

因此，关于"三维一体"模式的研究，本书从企业内部影响因素中，分别从企业家、组织结构和企业文化展开分析，以此来获得餐饮企业成长的组织变革的内在机制。主要研究的问题有：在企业初创阶段，餐饮企业还是技术性组织时，企业家的经验性管理是如何带领企业获得成功的；此后，企业家转向管理型的组织形态时，专业化的制度规则又是如何建立的，并在何种因素影响下，转向价值规则的管理，实现企业的均衡发展的。这种静态的分析，在于寻求在同一餐饮企业成长阶段，三个因素之间是如何通过交互达成一致性的。

本书还将"三维一体"模式置于餐饮企业成长过程的同一阶段，强调餐饮企业的行业性特征和整体性状况。同时，将三个因素置于餐饮企业成长的不同阶段中进行动态分析，以此获得企业家的管理与专业化的关联程度、制度规则与餐饮企业组织趋同性的普遍化程度，从中可以发现，餐饮企业在交互与趋同之间，经过企业组织结构内部因素的协调，在"不平衡——平衡——不平衡"的动态变化中发展，影响餐饮企业获得资源与成长关系。

在每一次的不平衡中，都只突显了"三维一体"各要素其中一种影响因素的作用，之后三个维度各要素共同作用达到平衡，表明餐饮企业不断走向成熟阶段。当然，三个维度各因素的僵化，意味着餐饮企业的失败，从新的一个周期来看，也意味着餐饮企业的再次变革。但就一个微观的循环性发展而言，尽管影响企业成长的这些因素在不同阶段发挥的作用不同，但它们始终贯穿在整个企业成长的过程，如图7-1所示。

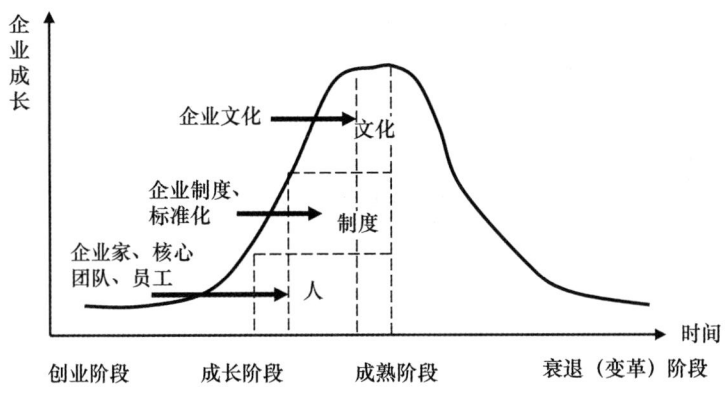

图7-1 餐饮企业成长的"三维一体"模式

从图7-1可以看出，在创业阶段，企业家能力对餐饮企业的成长影响非常重要；在成长阶段，组织结构（制度）对餐饮企业成长的影响非常重要；在成熟阶段，企业文化对餐饮企业的成长影响最为重要；在衰退或变革阶段，这三个维度的作用得到了平衡，开始出现僵化状态，这个时候餐饮企业就面临着两种发展趋势和结果：衰退或变革，企业成长或终结或开始新的一轮发展。因此，将企业宏观发展与微观影响因素结合起来，以"三维一体"的影响因素模式来分析中国餐饮企业的成长，可以勾勒出比较详细的发展图谱，并揭示我国餐饮企业成长的趋势和面临的发展困境。

参考文献

中文著作

沉浮:《辉煌的败局》,地震出版社 2001 年版。

陈佳贵:《企业经济学》,经济科学出版社 1998 年版。

陈亭楠:《现代企业文化》,企业管理出版社 2003 年版。

陈玉伟:《餐饮企业连锁运营》,中国物资出版社 2011 年版。

费孝通:《江村经济》,江苏人民出版社 1986 年版。

冯颖如:《全球化视角——饭店经营与管理》,企业管理出版社 2008 年版。

国务院第二次全国经济普查领导小组:《中国餐饮业发展研究报告》,中国统计出版社 2011 年版。

韩庆详:《根本——世界著理名著解读》,北京科学出版社 2005 年版。

韩毅:《西方制度经济学史学研究:理论、方法与问题》,中国人民大学出版社 2007 年版。

贺小刚:《企业家能力、组织能力与企业绩效》,上海财经大学出版社 2006 年版。

黄秋香、简相堂:《连锁餐饮业之现况与趋势》,食品工业发展研究 2006 年版。

黄铁鹰:《海底捞你学不会》,中信出版社 2011 年版。

贾春峰：《企业文化》，中国经济出版社 2003 年版。

李桂荣：《创新型企业文化》，经济管理出版社 2002 年版。

李建明：《企业核心能力》，法律出版社 1998 年版。

李华刚：《民营企业为何难长大》，民主与建设出版社 2004 年版。

李鹏：《伐谋：成功企业家的用权之道》，中国经济出版社 2005 年版。

林光：《集团公司的企业生命周期系统的管理》，清华大学出版社 2005 年版。

刘莉：《餐饮服务与管理》，安徽人民出版社 2009 年版。

罗宾斯：《管理学》（第 7 版），中国人民大学出版社 1997 年版。

芮明杰：《现代企业持续发展理论与策略》，清华大学出版社 2004 年版。

钱平凡：《组织转型》，浙江人民出版社 1999 年版。

钱孝天：《中国私营公司十大生存危机》，北京工业大学出版社 2003 年版。

青安：《挑战麦当劳》，广州出版社 2001 年版。

史耀疆：《制度变迁中的中国企业家成长研究》，中国财政经济出版社 2005 年版。

孙志贤、李芳：《餐饮业特许连锁经营战略》，经济科学出版社 2003 年版。

汤明：《企业成长的四维理论》，经济科学出版社 2007 年版。

汪丁丁：《制度创新的一般理论，经济发展与制度创新》，上海人民出版社 1995 年版。

汪良军：《企业成长与企业家活动分析——兼论企业成长的路径依赖及其超越》，经济科学出版社 2006 年版。

王子雄：《中国民营企业失败原因分析》，中国工人出版社 2004 年版。

吴光炳：《中国当代企业家成长研究》，陕西人民出版社1998年版。

谢健、奚从清：《现代企业文化》，浙江大学出版社2011年版。

徐晓明：《企业成长——打造"百年老店"的战略选择》，复旦大学出版社2007年版。

杨杜：《企业成长论》，中国人民大学出版社1996年版。

杨柳、荆林波：《餐饮产业蓝皮书：中国餐饮产业发展报告（2012）》，社会科学文献出版社2012年版。

杨铭铎：《现代餐饮企业创新：创新系统构建研究》，科学出版社2010年版。

于显洋：《组织社会学》（第二版），中国人民大学出版社2009年版。

张维迎：《企业的企业家——契约理论》，上海人民出版社1995年版。

张旭昆：《制度演化分析导论》，浙江大学出版社2007年版。

张玉利、任学锋：《小企业成长的管理障碍》，天津大学出版社2001年版。

张玉利：《企业家型企业的创业与快速成长》，南开大学出版社2003年版。

郑长德、张绍学：《企业长寿：解读企业长寿奥秘》，天地出版社2004年版。

郑江淮：《企业家行为的制度分析》，人民出版社2004年版。

支树平：《转型时期企业家成长的制度环境分析》，经济科学出版社2005年版。

中国企业家调查系统：《企业家与企业——中国企业家成长与发展报告》，机械工业出版社2005年版。

钟耀祥：《餐饮业的经营策略》，汉宇出版公司1995年版。

周雪光：《组织社会学十讲》，社会科学文献出版社2003年版。

中文论文

贝立业：《大动会经济效应下的餐饮业投资可行性研究》，博士学位
　　论文，复旦大学，2009 年。

卜华白、刘沛林：《企业竞争战略选择的途径确定——一种基于资
　　源依赖理论的分析》，《湖南社会科学》2006 年第 2 期。

陈佳贵：《关于企业生命周期与企业蜕变的探讨》，《中国工业经济》
　　1995 年第 11 期。

陈竞晓：《需求层次与企业激励机制的建构》，《学术研究》2002 年
　　第 7 期。

陈春花、徐慧琴：《企业家经营能力评价的层次分析与模糊决策》，
　　《科技进步与对策》2004 年第 7 期。

程小敏：《立足大众餐饮市场　实现餐饮转型升级——关于 2013 年
　　一季度餐饮行业形势的分析与思考》，《中国烹饪》2013 年第
　　5 期。

程小敏：《新常态视角下对中国餐饮业增长性的思考》，《美食研究》
　　2015 年第 3 期。

崔晓峰、焦晓波、吕部：《企业成长阶段理论及影响因素的述评》，
　　《常州工学院学报》2012 年第 2 期。

刁宗广：《安徽餐饮业的现状及发展进程中需要解决的问题》，《皖
　　西学院学报》2007 年第 8 期。

杜运周、张玉利：《新企业死亡率的理论脉络综述与合法化成长研
　　究展望》，《科学学与科学技术管理》2009 年第 5 期。

杜晓春：《云南省餐饮产业升级研究》，博士学位论文，云南财经大
　　学，2011 年。

顾力刚、韩福荣、徐艳梅等：《企业年龄研究》，《外国经济与管理》
　　2000 年第 12 期。

官志华、曾楚宏:《基于需求层次理论的核心员工激励》,《中国人力资源开发》2001 年第 3 期。

郭韬、王宏宇、史竹青:《企业成长三维模型研究》,《科技进步与对策》2011 年第 8 期。

何丰:《组织演进与企业家理论的新发展》,《上海大学学报》(社会科学版) 2005 年第 6 期。

何鹏:《基于企业生命周期的企业融资战略选择》,博士学位论文,西南财经大学,2007 年。

贺小刚:《企业家能力与企业成长:一个能力理论的拓展模型》,《科技进步与对策》2006 年第 9 期。

华冬萍、萌友:《企业家创新行为制约因素分析》,《苏州科技学院学报》(社会科学版) 2004 年第 3 期。

黄堃:《快餐业市场研究及肯德基品牌战略对我国的启示》,博士学位论文,天津大学,2011 年。

李东红:《企业组织结构变革的历史、现实与未来》,《清华大学学报》2000 年第 3 期。

李浩:《宇航公司企业生命周期的定位及战略对策》,博士学位论文,北京化工大学,2009 年。

李兰:《中国餐饮业发展遇瓶颈亟须政策支持》,《人民政协报》2015 年 3 月 31 日第 6 版。

李培林:《论企业文化管理与企业竞争力》,《企业活力》2008 年第 3 期。

李新春、王珺、丘海雄等:《企业家精神、企业家能力与企业成长——"企业家理论与企业成长国际研讨会"综述》,《经济研究》2002 年第 1 期。

李业:《企业生命周期的修正机制及思考》,《南方经济》2000 年第 2 期。

李英庆:《企业如何留住核心员工》,《中国人力资源开发》2003 年第 5 期。

刘明:《我国餐饮业发展现状及其影响因素分析》,博士学位论文,河北大学,2011 年。

黎志成、刁兆峰:《论企业成长力及其形成机制》,《武汉理工大学学报》2003 年第 5 期。

林祥:《企业家能力与企业核心能力的相关性:对企业家能力的一种概括》,《经济社会体制比较》2002 年第 5 期。

刘淑敏、芮明杰:《企业成长可持续性的内在逻辑—— 一个理论分析框架》,《软科学》2005 年第 6 期。

刘伟:《中国餐饮业经营发展之路》,《产业经济》2012 年第 5 期。

刘新民、李垣:《企业家创新理论研究综述》,《齐鲁学刊》2004 年第 2 期。

梅宪宾:《析企业家能力资本》,《理论前沿》2005 年第 18 期。

潘华丽:《中国餐饮业发展特许经营研究》,《山东师范大学学报》(自然科学版)2008 年第 2 期。

任建华:《浅论组织结构的比较选择及创新》,《湖南工业职业技术学院学报》2004 年第 9 期。

沈毅、杨晓猛:《新常态下餐饮业存在的问题及对策建议——基于大连市的实地调查》,《大连干部导刊》2015 年第 5 期。

田奋飞:《不同企业文化对企业成长模式的影响》,《未来与发展》2007 年第 11 期。

王长斌、时旸:《中国企业文化:构面、维度、特征与作用》,《理论月刊》2008 年第 5 期。

韦小柯、凤进:《西方企业成长阶段理论述评》,《生产力研究》2005 年第 1 期。

魏光兴:《企业生命周期理论综述及简评》,《生产力研究》2005 年第 6 期。

邬爱其、贾生华、曲波等:《企业持续成长决定因素理论综述》,《外国经济与管理》2003 年第 5 期。

肖荟:《论餐饮企业经营成败的决定因素》,《酒店管理研究》2018 年第 2 期。

谢世娟、陈新国:《从企业生命周期理论看我国民营企业夭折现象》,《经济问题》2004 年第 6 期。

邢以群、吴韵儿:《基于企业不同发展阶段的组织结构状态演化规律研究》,《管理案例研究与评论》2012 年第 1 期。

徐忠伟:《中国民营企业可持续成长影响因素的实证研究》,博士学位论文,复旦大学,2007 年。

杨柳:《中国餐饮产业竞争力研究》,博士学位论文,北京交通大学,2008 年。

杨铭铎、李明岩、张良胤等:《影响中国快餐业发展的因素分析》,《扬州大学烹饪学报》2010 年第 3 期。

杨铭铎、张良胤:《对中国快餐业发展趋势的预测》,《商业时代》2010 年第 19 期。

杨智勇:《花灯缘小吃店的创业方案》,博士学位论文,重庆大学,2009 年。

张洪涛:《中小型餐饮企业经营问题及对策分析》,《山西农经》2019 年第 1 期。

张慧杰:《基于企业生命周期的企业家能力研究》,《哈尔滨商业大学学报》(社会科学版)2006 年第 2 期。

张蕾、何俊德:《核心员工创造核心能力》,《中国人力资源开发》2001 年第 3 期。

张林格:《三维空间企业成长模式的理论模型》,《南开经济研究》1998 年第 5 期。

张书军:《企业经营原因不明中的企业家能力》,《南开管理评论》2002 年第 6 期。

中国企业家调查系统:《现阶段我国企业家队伍的行为特征调查分析》,《管理世界》1995 年第 3 期。

邹光勇、石长波:《系统理论在餐饮业经营中的应用》,《哈尔滨商业大学学报》(社会科学版)2002 年第 4 期。

中译著作

[美] 肯尼斯·阿罗:《组织的极限》,万谦译,华夏出版社 2006 年版。

[美] 伊查克·爱迪思:《企业生命周期》,赵睿等译,中国社会科学出版社 1997 年版。

[英] 曼瑟尔·奥尔森(Mancur Olson):《集体行动的逻辑》,陈郁等译,上海三联书店 1995 年版。

[美] 沃尔特·鲍威尔、迪马吉奥:《组织分析的新制度主义》,姚伟译,上海人民出版社 2008 年版。

[美] 阿玛尔·毕海德(Amar V. Bhide):《新企业的起源与演进》,魏如山,马志英译,中国人民大学出版社 2004 年版。

[美] 托马斯·J. 彼得斯,小罗伯特·H. 沃特曼:《探索企业成功之路》,王延茂、傅念祖译,上海翻译出版社 1985 年版。

[英] 比尔·博尔顿、约翰·汤普森:《实至名归——做一个真正的企业家》北京华译网翻译公司译,企业管理出版社 2003 年版。

[美] 迈克尔·波特:《竞争战略》,陈小悦译,华夏出版社 1997 年版。

[美] 理查德·L. 达夫特:《组织理论与设计精要》,李维安等译,机械工业出版社 1999 年版。

[美] 阿里·德赫斯:《长寿公司》,王晓霞,刘昊译,经济日报出

版社 1998 年版。

［美］彼得·德鲁克:《创新与企业家精神》,蔡文燕译,机械工业
　　出版社 2009 年版。

［法］亨利·法约尔:《工业管理与一般管理》,周安华等译,中国
　　社会科学出版社 1982 年版。

［美］托尔斯坦·凡勃伦:《有闲阶级论》,蔡受百译,商务印书馆
　　2011 年版。

［美］埃里克·G.弗拉姆毫茨,伊冯·兰德尔:《企业成长之
　　痛——创业型企业如何走向成熟》(第 4 版),黄震亚,董航译,
　　清华大学出版社 2011 年版。

［美］弗朗西斯·福山:《信任——社会美德与创造经济繁荣》,彭
　　志华译,海南出版社 2001 年版。

［美］葛雷纳:《当组织成长而出现的演变和变革》,孟光裕译,中
　　国社会科学出版社 1985 年版。

［英］弗里德里希·奥古斯特·冯·哈耶克:《自由秩序原理》,邓
　　正来译,生活·读书·新知三联书店 1997 年版。

［美］托马斯·卡明斯,克里斯托弗·沃里:《组织发展与变革》,
　　李剑锋译,清华大学出版社 2003 年版。

［英］安德鲁·坎贝尔,凯瑟琳·萨默斯·卢斯:《核心能力战
　　略——以核心能力为基础的战略》,严勇、祝方译,东北财经大
　　学出版社 1999 年版。

［美］詹姆斯·C.柯林斯,杰里·波拉斯:《基业长青》,真如译,
　　中信出版社 2002 年版。

［美］R.科斯等:《财产权利与制度变迁》,刘守英译,上海人民出
　　版社 1994 年版。

［美］科斯·诺斯、威廉姆斯:《制度、契约与组织:从新制度经济
　　学角度的透视》,刘刚等译,经济科学出版社 2003 年版。

[美] 约翰·科特、詹姆斯·赫斯克特：《企业文化与企业绩效》，曾中、李晓涛译，华夏出版社 2003 年版。

[美] 罗宾斯：《管理学》，中国人民大学出版社 1997 年版。

[意] 奥斯卡·马奇西奥：《餐饮也是媒体：不同于麦当劳的意大利餐饮理念》，肖天佑译，社会科学文献出版社 2006 年版。

[德] 卡尔·马克思：《资本论》（第一卷），人民出版社 2004 年版。

[英] 阿尔弗雷德·马歇尔：《经济学原理》，朱志泰译，商务印书馆 1981 年版。

[美] 道格拉斯·C. 诺斯：《制度、制度变迁与经济绩效》，杭行译，格致出版社、上海人民出版社 2008 年版。

[英] 伊迪丝·彭罗斯：《企业成长理论》，越晓译，生活·读书·新知三联书店 2007 年版。

[美] 小艾尔弗雷德·D. 钱德勒：《看得见的手——美国企业的管理革命》，重武译，商务印书馆 1987 年版。

[日] 青木昌彦：《比较制度分析》，周黎安译，上海远东出版社 2001 年版。

[美] W. 理查德·斯科特、杰拉尔德·F. 戴维斯：《组织理论——理性、自然与开放系统的视角》，高俊山译，中国人民大学出版社 2011 年版。

[美] 斯科特：《制度与组织——思想观念与物质利益》（第 3 版），姚伟、王黎芳译，中国人民大学出版社 2010 年版。

[英] 亚当·斯密：《国富论》，郭大力、王亚南译，商务印书馆 2003 年版。

[美] 弗雷德里克·泰勒：《科学管理原理》，马风才译，机械工业出版社 2007 年版。

[德] 马克斯·韦伯：《新教伦理与资本主义精神》，于晓等译，生活·读书·新知三联书店 1987 年版。

［美］奥利弗·E. 威廉姆森，西德尼·G. 温特：《企业的性质　起源、演变和发展》，姚海鑫等译，商务印书馆 2009 年版。

［美］赫伯特·西蒙：《现代决策理论的基石》，徐立译，北京经济学院出版社 1989 年版。

外文著作

J. T. Cannon，*Business Strategy and Policy*. New York：Harcourt，Brace，& World，1968.

E. Chandler，*The Theory of Monopolistic Competition*. Massachusetts：Harvard University Press，1933.

N C. Churchill，Robert E Quinn. *Diagnosing and Changing Organizational Culture：Based on the Competing Values Framework*. New York：Addison-Wesley Press，1998.

R. Gibrat，*Les Inega lites Economique*. Paris：Librairie Du Reaueil Sirey，1931.

Gareth R. Jones，Organizational Theory：Design and Change. 4th Edition，Englewood Cliffs. New jersey：Prentice-Hall，2004.

S. P. Robbins，*Organization Theory：Structure，Design and Applications*. 3rd Edition Pearson Education，1995.

Joseph A. Schumpeter，*The Theory of Economic Development*，Massachusetts：Harvard University Press，1934.

David J. Storey，*Understanding the Small Business Sector*. Routledge，London，1994.

Oliver E. Williamson，*Markets and Hierarchies：Analysis Antitrust Implications*. New York：Free Press，1975.

Joan Woodard，*Industrial Organization：Theory and Pracice*. London：Oxford University Press，1965.

外文论文

B. Anderson, E. Klein, J. Stuart, Why Change is a Consciousness Choice. *Journal for Quality and Participation*, Vol. 23, No. 1, 2000.

David B. Audretsch, Erik E. Lehmann., Mansfield's Missing Link: The Impact of Knowledge Spillovers on Firm Growth. *Journal of Technology Transfer*, Vol. 30, Dec 2004.

Thorsten Beck, Asli Demirguc-Kunt, Ross Levine, SMEs, Growth and Poverty: Cross-Country Evidence. *Journal of Economic Growth*. Vol. 10, No. 3, Sep 2005.

Churchill N. C. , Lewis, V. L. , The Five Stages of Small Business Growth. *Harvard Business Review*. Vol. 3, No. 3, January 1983.

Richard N. Cardozo, A Model of the Entrepreneurial Opportunity Recognition Process. *Journal of Enterprising Culture*, Vol. 8, Issue 2, Nov 2011.

R. H. Coase, The Nature of the Firm. *Economica*, Vol. 4, No. 16, Nov 1937.

Dierickx, I. , & Cool, K. , Asset Stock Accumulation and Sustainability of Competitive Advantage. *Management Science*, Vol. 35, No. 12, Dec 1989.

Lex. Donaldson, Organization Portfolio Theory: Performance-Driven Organizational Change. *Contemporary Economic Policy*. Vol. 18, Issue. 4, Oct 2000.

Grossman, Sanford J. , Hart, Oliver D. , The Costs and Benefits of Ownership: A Theory of Vertical and Lateral Integraion. *Journal of Political Economy*. Vol. 94, No. 4, Aug 1986.

Hall R. H. , The Concept of Bureaucracy: An Empirical Assessment. *American Journal of Sociology*, Vol. 69, No. 1, Jul 1963.

Hayek F. A. , The Use of Knowledge in Society. *The American Economic Review*. Vol. 35 , No. 4 Sep 1945.

J. Hunter, Improving Organizational Performance through the Use Effective Elements of Organizational Structure. *International Journal of Health Care Quality Assurance*, Vol. 15, No. 3, Sep 2002.

Keld Iaursen, et al. , Firm Growth form a Knowledge Structure Perspective. *Druid Working Papers*, Feb 1999.

Ikenberry, G. John. , Conclusion: An Institutional Approach to American Foreign Economic Policy. *International Organization*. Vol. 42, No. 1, 1988.

Johnson, P. Fraser, Michiel R. , Lenders. , The Supply Organizational Structure Dilemma. *Journal of Supply Chain Management*. Vol. 37, Issue. 2, June 2001.

William L. Koh, Richard M. Steers, James R. Terborg. , The Effects of Transformational Leadership on Teacher Attitudes and Student Performance in Singapore. *Journal of Organizational Behavior*. Vol. 16, No. 4, Jul 1995.

Kotter J. P. , Schlesinger L. A. , Choosing Strategies for Change. *Harvard Business Review*. Vol. 57, No. 2, July 2008.

Besnik A. Krasniqi. , Barriers to Entrepreneurship and SME Growth in transition: the Case of Kosova. *Journal of Developmental Entrepreneurship*, Vol. 12, No. 01, Jan 2007.

Pobert Lensink, Paul Van Steen. , Uncertainty and Growth of the Firm. *Small Business Economics*. Vol. 24, No. 4, May 2005.

Francesca Lotti, Enrico Santarelli. , Linking Knowledge to Productivity: A Germany-Italy Comparison Using the CIS Database. *Empirica*. Vol. 28, Issue. 3, Sep 2001.

Karl Lundvall, George E. Battese. , Firm Size, Age and Efficiency: Evidence from Kenyan. Manufacturing Firms. *Journal of Development Studies.* Vol. 36, Issue. 3, Sep 2000.

Danny Miller, Peter H. Friesen. , A Longitudinal Analysis of the Corporate Life Cycle: A Methodological Perspective. *Management Science.* Vol. 30, No. 10, Oct 1984.

Mills, P. K. , Ungson, G. R. , Reassessing the Limits of Structural Empowerment: Organizational Constitution and Trust as Controls. *Academy of Management Review.* Vol. 28, No. 1, Jan 2003.

Person, Thorsten, Guido Tabellini, Democracy and Development: The Devil in the Details. *American Economic Review.* Vol. 96, No. 2, Feb 2006.

C. K. Prahalad & G. Hamel, The Core Competence of the Corporation. *Strategic Learning in a Knowledge Economy*, Dec 2000.

E. Schein, Process Consultation: Its Role in Organization Development. *Journal of Experimental & Theoretical.* vol. 1, Jan 1988.

David J. Storey et al. , The Remuneration of Non-owner Managers in Small and Medium-sized UK Enterprise. *Journal of Management Studies*, Vol. 31, No. 4, July 1994.

D. H. Thain, Stages of Corporate Development. *Business Quarterly*, Vol. 34. No. 4, Jan 1969.

Shaker A. Zahra, Hitt, Michael A. , International Expansion by New Venture Firms: International Diversity, Mode of Market Entry, Technological Learning and Performance. *The Academy of Management Journal.* Vol. 43, No. 5, Oct 2000.

后　记

　　本书是在博士论文基础上修改而成的，获得了浙江农林大学人才启动项目"企业方法论：餐饮企业成长阶段及影响因素研究"（2017FR011）的资助。在书稿即将杀青之际，看着十几万的文字，回顾论文写作期间的不易，和修改书稿时种种苦乐相间的踌躇，都在一个又一个日子划过，诸多感慨不觉油然而生，写作的心路历程和个中滋味，却如鱼饮水，冷暖自知。在这江南梅落、春草虫鸣的无眠之夜，看着熟睡的孩子，不觉回想起自己求学的经历，还有那些艰辛的过程和不断留下的脚印，逐渐印入脑海，挥之不去，也借此絮叨几句。

　　自五岁起，就跟着姐姐一起去上学，没想到这一走，一晃已有二十多年。期间，也经历了工作、结婚和生子。在两点一线的日常生活中，虽几度迷茫，却未曾放弃对社会学的不断探索，最终还是在上学与工作之间的不断交替和突破中，逐渐走上了学术这条路。有人曾说，选择了学术之路，就选择了清贫与艰辛，现在想起，深以为然！当然，其间的自由和乐趣却是迷人而催人奋进的！尽管这条路充满了许多坎坷和不易，但还是走过来了。

　　我的研究方向是组织社会学，最初带着对社会学的好奇，选择了这个学科，后来又选择了这个专业。作为许多大家云集的研究领域，组织现象是纷繁多样的，我们每个人无不在各种组织中生存、生活。如何去认识组织现象所隐藏的组织结构、制度、文化，以及组织的内在机制，从各种令人眼花缭乱的组织理论中，爬梳出一条清晰的线索，研究实体组织就成为一条捷径。为此，在读博士期间，我选择了餐饮企业这个组织形态为研究对象。之后，在做博士后期间，我又拓展了新的研究对象，将对组织的理解和思考运用到新的主题上。在此过程中，除了自己的付出和些许收获，更有许多值得感激与感恩的师友亲人的帮助。

感谢我的导师于显洋教授！在人大攻读博士学位期间，有幸参与了导师相关课题的实地调查与报告的撰写，从中学习到观察、分析问题的方法，丰富了自己的社会学想象力。在论文写作中，从联系调研到论文选题、开题，再到章节写作、修改和最后的定稿，受益于导师极其耐心的指导、其他教授悉心的点拨和同学之间反复的讨论，在几易其稿后，论文最终得以定稿。于老师儒雅睿智的人格魅力、勤勉严谨的治学态度、豁达开朗的处世修为，言传身教的育人风范，不仅带领我走过了一次完整的社会学学术之旅，而且让我领悟到做人处世治学的人生真谛。

感谢人大的李路路、刘少杰、郭星华、洪大用、郑杭生、潘绥铭、夏建中、李迎生、陆益龙等教授！他们的课堂讲授，激发了我的学术灵感，进一步夯实了我的理论基础。他们的建设性意见和精到的学术指导，使我论文得以不断完善。感谢姚卫平、樊丽萍老师耐心细致的帮助，使得三年学习多了便利。

感谢我所调研实习的比格餐饮有限责任公司赵志强总裁及工作人员，他们给予我很多关心和支持，他们热情的帮助使得调查得以顺利进行。感谢丁峰博士对论文和书稿的校读，以及部分内容的修改。

感谢文法学院的王长金院长、朱红东书记、鲁克荣教授、唐礼勇副教授等领导同人的支持和帮助，他们给我提供了北大访学的机会，也为本书修改提供了宝贵的时间！感谢复旦大学社会发展与公共政策学院博士后工作站合作导师桂勇教授、北京大学社会学系的访问学者合作导师渠敬东教授！

感谢中国社会科学出版社的朱华彬副编审，在他耐心细致的修改、艰辛的校对，以及认真负责的督促下，书稿得以在规定的时间内修订完毕并出版！

最后感谢我的父母！在我的求学生涯中他们不仅给予我全部的支持，而且在我孤立无助、遭遇挫折时，给予我最安全的港湾和最温暖的呵护。

在书稿修改过程中，我研读了许多新文献，也发现了书稿存在的一些不足。由于时间关系，修改可能并未充分，一些遗憾也在所难免，期待在以后的写作或著作里进一步完善。